星の王子さま
The Little Prince

星の王子さま
The Little Prince

サン＝テグジュペリ
著

井上久美
解説・監修

英文リライト
Miki Terasawa
•
日本語訳
仁木敦子
•
録音
Media Local Studios

Wear your words!
ことばを身にまとおう！

　人は毎日、たくさんのチョイスをして生きています。何を着る、食べる、どこへ行くと同様に、どの言葉を使うのかもあなたの選択の自由です。言葉は品性を表わします。"Yeah!（ああ、うん）"を連発したり、日本人がかっこいい英語だと思って使う"I gotta go!（もう行かなきゃ！）"などの省略形の英語も、使う状況や相手によって、苦笑されたり、失礼になってしまいます。インフォーマルで、子どもっぽい英語に聞こえるからです。世界中のだれと話してもつながるシンプルで品格のある英語を身に付けましょう。

　1943年にニューヨークで初版が出されたアントワーヌ・ド・サン＝テグジュペリの『星の王子さま』を読むと、小さな王子さま、パイロット、バラ、ヘビ、キツネ等、ユニークな登場人物と出会えます。シンプルな英語版を読むことによって、ワクワクする素敵な英語表現とも出会うことができます。グローバルなビジネス現場ですぐに使える、品格あふれる英語がたくさん見つかります。

　学習すべてに言えることですが、英語も、心が揺さぶられたり、納得したときに、一番身に付きます。映画の主人公のセリフが気になったり、英語の歌詞に共鳴したとき、あなたの脳が反応し、スポンジのように吸収して記憶するのです。気になる表現をさっそく使ってみることによって、完全にあなたの一部になります。英語で語りかける相手がすぐに見つからない場合は、自分自身につぶやいてみましょう。鏡に向かって叫んでもいいですよ！　本書で紹介された表現の中で、あなたのお気に入り

を見つけてください。今日はこれを使ってみようと思う表現はメモして、見えるところに貼っておきましょう。手帳に書き込み、繰り返し何度も見るのも効果的です。そして、「万感を込めて」語る練習を、毎日続けましょう。あなたとまわりの変化を感じてほしいと思います。

　私は長年、会議通訳者として、世界中の人たちが話す色とりどりの英語を聞き、日本人との橋渡しをしてきました。そこで目の当たりにしたことは、グローバル化が進むということは、バラエティに富んだEnglishes（英語たち）が日々増え続けるということです。グローバルコミュニケーターとは、ペラペラとネイティブスピーカーのように話すことではなく、聞こえてくるユニークな英語をしっかりと受けとめ、相手に着実に通じる英語を話す努力を惜しまない人を指します。そのためには、シンプルで、「効く」英語表現をあなたの生活の一部にすることをお勧めします。日本語も英語も、素敵な言葉や表現を使う自由があなたにはあるのです。自分のハートも相手もハッピーになる、あなたらしい表現をたくさん使うことによって、人生が変わります。ぜひ試してみてください。

　読者のみなさんと一緒に、英語で思いを伝える喜びをシェアすることができたら、私はとてもハッピーです。『星の王子さま』に書かれている、「目に見えない大切なこと」に気付いてこそ、初めて、人とつながることができるのです。そして、そのためにspend time（時間を費やす）ことには、大きな価値があります。

2012年　春

井上久美

本書の構成

本書は、

☐ 英語本文に対応する日本語訳
☐ 欄外の語注
☐ セクション毎のフレーズ解説
☐ 英文ストーリーをさらに読み込むためのコラム
☐ MP3形式の英文を収録した音声

で構成されています。本書は、「星の王子さま」の英文抄訳と日本語訳を読み進めることで、そのストーリーを楽しみながら、同時にビジネスシーンでも役に立つ英語フレーズも習得できるようになっています。

例えば、「計画があるなら、どうして教えてくれないんですか？」と言いたいとき、あなたは英語で何と言いますか？

"Why don't you tell me your plans?"

という英語を使っても間違いではありません。でも、Why don't you…? と言うと、「相手に対して何か要求する」というニュアンスが強くなり、「どうして自分に教えてくれないの!?」という自己主張的なニュアンスも、状況によっては伝えてしまいます。そのニュアンスは不本意だという場合もあるでしょう。

本書で紹介された英語表現を使うと、相手に与える印象がまったく変わってきます。

You have plans that you have not shared with me...
（p.198, 5行目）

ぼくに話してくれていない計画があるんだね……。

「いろいろと事情があってまだ話してくれていないんですね……」という、相手への心遣いが伝わります。「もし話したかったら、話してくださいね」と、相手に選択をゆだねた表現です。

このように会議通訳者として豊富な経験をお持ちの井上久美先生による英語表現解説は、ストーリーの理解を深めるだけでなく、生きた英語表現を身に付けるのに最適です。

各チャプターのQRコードをスマートフォンで読み取ると、該当チャプターの英語音声を聞くことができます。繰り返して聞いていただくことで、発音のチェックだけでなく、英語で物語を理解する力がさらに深まります。

＊本書は左ページに英語、右ページに日本語を配し、対照して読み進めていただけるようつくられています。必ずしも同じ位置から始めることは難しいのですが、なるべく該当の日本語が見つけられやすいように、ところどころ行をあけるなどして調整してあります。

目次

星の王子さま
The Little Prince

For Léon Werth

I hope that children will excuse me for writing this book in honor of a grown-up. I have a very good excuse: this grown-up is my best friend in the world. I also have a second excuse: this grown-up understands everything, even books for children. My third excuse is this: this grown-up lives in France, where he is hungry and cold. He needs to be cheered up. If these reasons are not enough, then I will make this book in honor of the child whom this grown-up person once was. All grown-ups were once children. (But few grown-ups remember this.) And therefore I write:

For Léon Werth
  when he was a little boy.

■ in honor of ～に敬意を表して ■ grown-up おとな ■ excuse 言い訳
■ cheer up 元気づける

レオン・ヴェルトに捧ぐ

　この本をあるおとなに捧げて書くことを、子どもたちに許してほしいと思う。言い訳もちゃんとある。このおとなは、ぼくの世界一の親友なんだ。二つ目の言い訳としては、このおとなは何でもよくわかっていて、子どもの本だってちゃんと理解しているということ。三つ目は、彼が今、フランスにいて、ひもじくて寒い思いをしているということだ。彼には元気づけが必要なんだ。それでも理由が足りなかったら、この本は、子どもだった頃の彼に捧げるとしよう。おとなも皆、昔は子どもだった。(そのことを憶えているおとなは少ないけどね)

　だから、こういうことにしよう。

　子どもだったころのレオン・ヴェルトに捧ぐ

Part 1

Chapter 1-4

Chapter I

When I was six years old, I saw a beautiful picture in a book. The book was called True Stories. The picture showed a boa constrictor eating a wild animal. Here is the picture:

In the book I read: "Boa constrictors eat their food whole, in a single bite. After they have eaten, they cannot move because they are so full. They must rest for the next six months."

I thought long and hard about this. Then I used a colored pencil to draw my first picture. My Picture Number 1. It looked like this:

■ boa constrictor ボア《南米の大蛇》 ■ in a single 1回の〜で ■ rest 休む
■ draw 描く

第１章

　ぼくは６歳のころ、本で素敵なさし絵を見た。『ほんとうのおはなし』という本で、大蛇ボアが、野生の動物を食べている絵だった。これがその絵だ。

　説明のところには、「ボアは食べ物を一口で丸のみします。食べた後は、満腹すぎて動けません。その後、６か月は休んでいなくてはならないのです」と書いてあった。

　ぼくは、長いこと一生懸命考えた。それから、色えんぴつを使って初めての絵を描いたのだ。ぼくの絵の第１号は、こんな感じだった。

I showed my wonderful picture to some grown-ups. I asked if my picture made them feel afraid.

They replied: "Why would a hat make us afraid?"

I had not drawn a hat. My picture showed a boa constrictor that had eaten an elephant. So then I drew a second picture. To help the grown-ups understand, my second picture showed the inside of the same boa constrictor. Grown-ups always need help understanding things. My Picture Number 2 looked like this:

The grown-ups told me to stop drawing the insides or outsides of boa constrictors. They told me to learn math and history and geography instead. That is how, at the age of six, I gave up my dream of becoming a painter. I gave up because Picture Number 1 and Picture Number 2 were not a success. Grown-ups never understand anything by themselves. And children get tired of explaining things to them over and over again.

Instead of becoming a painter, I learned to fly airplanes. I flew all over the world. It is true that geography has been very useful. I can tell China from Arizona in a single glance. This information is quite helpful when you are lost at night.

■ ask if ～かどうかたずねる　■ make someone feel （人）を～な気分にさせる
■ math 数学　■ geography 地理学　■ by oneself 独力で　■ get tired of ～に飽きる
■ over and over 何度も繰り返して

　ぼくは、この素晴らしい絵を何人かのおとなに見せた。これを見て、怖い
かどうか聞いたのだ。

　答えはこうだった。「何で帽子が怖いのさ？」

　ぼくは帽子を描いたんじゃない。これは、象を食べた大蛇ボアなのだ。仕
方がないから、2枚目の絵を描いた。おとなでもわかるように、同じボアの、
今度は中身まで描いてやった。おとなって、助けてもらわないと何もわから
ないのだ。ぼくの第2作目は、こんな感じだった。

　おとなたちはぼくに、ボアの内も外も描くのはやめるように言った。代わ
りに数学と歴史と地理をやれって。こういうわけで、ぼくは6歳にして絵描
きになる夢を断念した。第1号も第2号もうまくいかなかったからだ。おと
なって、自分だけでは何もわからないのだ。それで子どもたちは、何度も何
度も説明するのが嫌になるのだ。

　絵描きになる代わりに、ぼくは飛行機の乗り方を覚えた。そして世界のあ
らゆるところへ飛んだ。地理はとても役に立った。ぼくは、ちらっと見ただ
けで中国とアリゾナの違いがわかるんだからね。夜、迷った時は、これでず
いぶん助かるよ。

I have met many important people in my life. I have lived among grown-ups for a long time. I have seen them up close. This has not given me a better opinion of them.

Whenever I met a grown-up who seemed to have some sense, I did a little test: I showed Picture Number 1 to the grown-up. I wanted to see whether the grown-up really did understand. However, the grown-up always answered: "That is a hat." Therefore I would not talk about boa constrictors or wild animals or stars. Instead I would talk about things that interest grown-ups. I would talk about golf and society and clothing. And the grown-up was always very glad to meet such a pleasant man.

 # Chapter II

For years my life was lonely. I had no one I could really talk to. Then, six years ago, my airplane broke down in the Sahara Desert. I was all alone. I knew that I had to fix my plane by myself, without any help. It was a matter of life or death. I had a very small amount of drinking water. It would only last for about eight days.

■ up close すぐ近くで ■ desert 砂漠 ■ fix 修理する ■ matter of life or death 生きるか死ぬかの問題 ■ last 続く

　ぼくは、今まで偉い人にたくさん会った。おとなたちに混じって長いこと暮らして、彼らを間近で見てきた。それでも、おとなに対するぼくの意見はましにならなかった。

　もののわかりそうなおとなに会うと、必ずちょっとしたテストをやった。ぼくの絵の第1号を見せたのだ。この絵が本当にわかる人かどうか見たかった。でも、反応はいつも同じだった。「帽子だね」そこでぼくは、大蛇ボアのことも、野生の動物も、星のことも話さないことにする。代わりに、おとなが興味を持ちそうな話をしてやるのだ。ゴルフだの、社交界だの、洋服だの。そうすると決まっておとなは、とても感じのいい人に会ったと大喜びするのだ。

第 2 章

　何年もの間、ぼくの人生は孤独だった。ほんとうに話せる相手はだれもいなかった。そして6年前、ぼくの飛行機はサハラ砂漠で故障した。ぼくは全くのひとりぼっちだった。だれの助けもなく、自力で飛行機を直さなければならないとわかっていた。生きるか死ぬかだ。飲み水はほんのわずかしかない。8日くらいしかもたないだろう。

On the first night in the desert, I fell asleep quickly. I was very tired. I was thousands of miles from anyone or anywhere. I felt more alone than a sailor alone on a boat in the middle of the ocean. So you can imagine my surprise when a strange little voice woke me up early in the morning. The voice said:

"If you please . . . draw me a sheep!"

"What?"

"Draw me a sheep . . ."

I jumped to my feet in shock. And I saw a most unusual little boy looking at me. Here is my best drawing of him. I made it later on. Of course my drawing is far from perfect. The grown-ups made me stop drawing at the age of six, when I had not learned to draw anything except the insides and outsides of boa constrictors.

■ fall asleep 眠りにつく ■ mile マイル《長さの単位。1,609m》 ■ jump to one's feet ばっと立ち上がる ■ unusual 普通でない ■ later on もっと後で

　砂漠での最初の晩、ぼくはすぐ眠りについた。疲労こんぱいしていたの
だ。だれからも、どこからも、何千マイルも離れたところにぼくはいた。大
洋の真っ只中の小船にひとりぼっちでいる船乗りよりも、もっと孤独な気が
した。だから朝方、小さな聞き慣れない声に起こされた時、ぼくがどれほど
驚いたかわかるだろう。その声は言った。

　「お願いだよ……ヒツジを描いて！」

　「何だって？」

　「ヒツジを描いてよ……」

　ぼくはびっくり仰天して立ち上がった。見たこともない男の子がぼくをじ
っと見ていた。できるだけ似せて描いたのがこれだ。後になってから描いた
のだ。ぼくの絵はもちろん、完ぺきからはほど遠い。なにせ6歳のとき、ま
だ大蛇ボアの内と外しか描けない段階で、おとなから絵を描くのをやめさせ
られたんだからね。

I looked at this little boy with great surprise. Remember that I was in the desert, thousands of miles from anyone or anywhere. But this young person did not seem lost or tired, or hungry or afraid. He looked nothing like a child lost in the middle of the desert. When I was finally able to speak, I said to him:

"But ... what are you doing here?"

Again he said:

"If you please ... draw me a sheep ..."

I did what he asked. I reached into my pocket. I pulled out a piece of paper and a pen. But then I remembered something: although I had learned many things in school, I did not know how to draw. In a rather cross voice, I told him so. But he replied:

"That doesn't matter. Draw me a sheep."

Because I had never drawn a sheep, I drew for him one of the two pictures I knew I could make—the picture of the outside of a boa constrictor that had eaten an elephant. He looked at it. Then I was shocked to hear him say:

"No, no! I don't want a boa constrictor that has eaten an elephant. Boa constrictors are very dangerous, and elephants are too big. Where I live, everything is very small. I need a sheep. Draw me a sheep."

So I drew a sheep.

He looked at it carefully and said:

"No! That one looks sick. Draw another."

■ reach into ～の方に手を伸ばす　■ cross 不機嫌な　■ not matter どうでもいい

　ぼくは、あっけに取られてこの子を見つめた。ぼくが、だれからもどこからも何千マイルも離れた砂漠にいたことを思い出してくれ。なのにこの子は、道に迷ったり、疲れたり、腹が減ったり、怖かったりという様子がなかった。どう見ても、砂漠の真ん中で道に迷った子どもには見えない。ようやく口をきけるようになったとき、ぼくは言った。

　「でも……ここで何してるんだ？」

　その子はまた言った。

　「お願いだよ……ヒツジを描いて……」

　ぼくは言われたとおりにした。ポケットを探って、紙きれとペンを取り出した。ところがそこで、あることを思い出したのだ。学校ではいろんなことを習ったが、絵の描き方はわからない。ぼくはちょっと不機嫌な声で、男の子にそう言った。でも答えはこうだった。

　「そんなこと、関係ないよ。ヒツジを描いてよ」

　ぼくはヒツジを描いたことがなかったので、描けるとわかっている２枚のうちの１枚を描いた。象を飲み込んだ大蛇ボアの外側を描いたのだ。男の子はそれをながめた。そして、驚いたことにこう言ったのだ。

　「違う、違うよ！　象を飲み込んだボアの絵なんかほしくないよ。ボアはとても危険なやつだし、象は大きすぎる。ぼくの住んでいるところは、何でもとても小さいんだからね。ぼくがほしいのはヒツジなんだよ。ヒツジを描いてよ」

　そこでぼくはヒツジを描いた。

　男の子は、注意深く見て、こう言った。

　「だめだよ。このヒツジは病気みたいじゃないか。別なのを描いてよ」

So I drew another one.

My new friend smiled and said:

"That isn't a sheep—that's a ram. It has horns."

I drew another picture. But he did not like this one, either:

"That sheep is too old. I want a sheep that will live a long time."

I was in a hurry. I wanted to fix my plane. So I quickly drew the picture below and told him:

"This is a box. The sheep you want is inside it."

I was surprised to see his face light up:

"That's exactly what I wanted! Do you think this sheep will need a lot to eat?"

"Why?"

"Because where I come from, everything is very small."

"This sheep will not need too much to eat. I've given you a very small sheep."

He looked closely at the drawing:

"Not so small, really...Look! He's fallen asleep..."

And that was how I first met the little prince.

■ not ~ either ～も～しない ■ in a hurry 急いで ■ exactly まさに

そこで別なのを描いた。

ぼくの新たな友達は微笑んで、言った。

「これは普通のヒツジじゃないよ――牡ヒツジじゃないか。角がついてるよ」

ぼくはまた描いた。でもこれも、男の子には気に入らないらしかった。

「このヒツジは年を取りすぎてるよ。長いこと生きるヒツジがほしいんだ」

ぼくは急いでいた。飛行機を修理したかったのだ。だから、下のような絵を手早く描いて、こう言った。

「これは箱だよ。きみのほしがってるヒツジはこの中にいるよ」

男の子の顔が輝いたので、びっくりした。

「これがほしかったんだよ！　このヒツジはたくさん食べると思う？」

「なぜだい？」

「だってぼくのいたところでは、何もかもがとても小さいんだもの」

「このヒツジはあんまりたくさん食べないよ。とても小さなヒツジをあげたんだから」

男の子は、その絵をじっと見ていた。

「そんなに小さくないよ……見て！　眠っちゃった……」

ぼくはこうして、小さな王子さまと出逢ったのだった。

Chapter III

It took a long time to find out where he came from.

The little prince asked me many questions, but he never seemed to hear mine. I only learned about him through chance things he happened to say. When he saw my plane for the first time (I will not try to draw my plane because that would be much too hard for me), he asked:

"What is that thing?"

"That is not a thing. It flies. It is an airplane. It is my airplane."

I was proud to tell him that I knew how to fly. He cried out:

"What? You fell from the sky?"

"Yes," I said.

"Oh! That is funny…"

And the little prince began laughing, which I did not like. I want my problems treated seriously. Finally he said:

■ funny 面白い

第 3 章

　王子さまがどこから来たのか、知るにはとても時間がかかった。

　王子さまはぼくにたくさんの質問をしたけれど、ぼくの質問は聞こえないみたいだった。ぼくが王子さまについて知ったことは、彼が何気なく言ったことから偶然にわかったのだ。ぼくの飛行機を初めて見たとき（飛行機の絵を描くのはやめにしておく。難しすぎるからね）、王子さまは言った。

　「あそこにあるあれ、なあに？」

　「あれじゃないよ。飛ぶんだよ。飛行機だ。ぼくの飛行機だよ」

　ぼくは、自分が飛行機に乗れると言うのが誇らしかった。王子さまは叫んだ。

　「なんだって？　きみは空から落ちてきたの？」

　「そうだよ」ぼくは言った。

　「そうか！　それは面白い」

　そして小さな王子さまは笑い始めたが、ぼくは気に入らなかった。人の問題は深刻に受けとめてほしいものだ。ついに王子さまは言った。

"So you came from the sky, too! What planet are you from?"

Here was some information about the little prince's strange presence. I quickly asked him:

"So you came from another planet?" But he did not speak. Then he answered gently as he looked at my plane:

"It's true that you could not come from very far away..."

And he did not speak again for a long time. He took my drawing of a sheep out of his pocket and studied it with pleasure.

I was very interested in what the little prince said about "other planets." I wanted to find out more, so I asked him:

"Where did you come from, my little friend? Where is your home? Where do you want to take my sheep?"

After a while, he answered:

"It is good that you gave me the box for the sheep. At night he can use it as his house."

"Yes, of course. And if you are nice, I will give you something to tie up your sheep during the day."

My offer seemed to shock the little prince.

"Tie him up? What a strange idea!"

■ planet　惑星　■ one's presence　〜の存在・いる所　■ gently　ゆっくりと
■ after a while　しばらくして　■ tie up　ひもでつなぐ

「じゃ、きみも空から来たんだね！　どの惑星から？」

わからないことだらけの王子さまの、これは新しい情報じゃないか。ぼくはすばやくたずねた。

「じゃ、きみは別の惑星から来たんだね？」でも王子さまは何も言わなかった。そして、ぼくの飛行機を見ながらゆっくりと答えた。

「確かに、きみはあまり遠くから来られたはずがないね……」

それきり長い間しゃべらなかった。ポケットからぼくが描いたヒツジの絵を取り出して、嬉しそうにながめていた。

ぼくは、王子さまが「他の惑星」と言ったことに興味しんしんだった。もっと知りたくて、たずねてみた。

「ねえきみ、きみはどこから来たの？　きみのおうちはどこ？　ぼくのヒツジをどこへ連れて行くの？」

しばらくして、王子さまは答えた。

「ヒツジ用の箱をくれて嬉しいよ。夜になれば、ヒツジ小屋に使えるもの」

「もちろんだとも。きみがいい子なら、昼の間、ヒツジをつないでおくものを描いてあげるよ」

ぼくの申し出は、王子さまにはショックだったようだ。

「つないでおく？　なんておかしな考えだろう！」

"But if you don't tie him up, he will walk around. He may get lost."

My friend began laughing again.

"Where do you think he will go?"

"Anywhere. Straight ahead."

The little prince gravely said:

"That doesn't matter—everything is so small where I live!"

And in a voice that sounded almost sad, he added:

"If he went straight ahead, he couldn't go very far..."

 # Chapter IV

I had just learned a second important piece of information: his planet was not much bigger than a house!

This did not surprise me. While there are large planets like the Earth, Jupiter, Mars, and Venus, there are also hundreds of smaller ones. When astronomers discover one of these small planets, they give it a number instead of a name. They call it Asteroid 3251, for example.

■ walk around 歩き回る ■ get lost 迷子になる ■ straight ahead まっすぐに
■ gravely 重々しく ■ Jupiter 木星 ■ Mars 火星 ■ Venus 金星 ■ asteroid 小惑
星

「でもつないでおかなかったら、歩き回ってしまうよ。いなくなってしまうかも知れない」

王子さまはまた笑い出した。

「どこへ行くと思うの？」

「どこでも。ずうっとまっすぐかもしれない」

小さな王子さまは、重々しく言った。

「それは問題にならないよ——ぼくのところは、なんでも本当に小さいんだからね！」

そして、悲しげにも聞こえる声で、付け加えた。

「まっすぐ進んでも、あまり遠くへは行けないよ……」

第 4 章

これで、二つ目に大事な情報がわかったのだった。王子さまの惑星は、家一軒よりちょっと大きいくらいなのだ！

これには、ぼくは驚かなかった。地球や木星、火星、金星のような大きな惑星がある一方で、何百もの小惑星があることを知っていたからだ。天文学者はこういう小さい惑星を発見したら、名前じゃなくて、数字をつける。惑星3251みたいにね。

I have reasons to believe that the little prince was from a small planet called Asteroid B612. This asteroid has been seen only once, in 1909. It was seen by a Turkish astronomer. The astronomer presented his discovery at the International Meeting of Astronomy. But nobody believed him because of his Turkish clothing. Grown-ups are like that.

Luckily for the future of Asteroid B612, a Turkish ruler made his subjects dress in Western clothes. The astronomer presented his discovery again in 1920. He wore a very beautiful suit. And this time everyone believed him.

I am telling you about this asteroid and its official number because of grown-ups. Grown-ups love numbers. When you tell them about a new friend, they never ask important questions. They never ask:

■ Turkish トルコ人の ■ present 提示する ■ ruler 君主 ■ subject 臣下

　ぼくには、王子さまが惑星B612から来たのだと信じる理由がある。この惑星は、1909年に一度だけ観測された。トルコの天文学者が観測したのだ。その学者は、国際天文学会議で自分の発見を発表した。ところがトルコの民族衣装を着ていったので、だれも彼の言うことを信じなかった。おとなって、そういうものなんだ。

　　惑星B612の未来のためには幸いなことに、トルコの支配者が、トルコ臣民は西洋の洋服を着なければならないことにした。さっきの天文学者は、1920年にもう一度、発見報告をした。とてもかっこいいスーツを着ていた。そしたら、だれもが信じたんだよ。

　ぼくがこの惑星の背景と公式番号の話をしたのは、おとなたちのためだ。おとなは数字が大好きだからね。新しい友達ができたとき、おとなは肝心なことはぜんぜん聞かないんだ。「その子の声はどんな感じ？　どういう遊

"What does his voice sound like? What games does he like to play? Does he collect butterflies?" Instead they ask: "How old is he? How many brothers and sisters does he have? How big is he? How much money do his parents make?" Only then do they think that they know him. If you say to grown-ups: "I saw a beautiful house made of pink stone, with flowers in the windows..." they will not be able to picture this house. You have to tell them: "I saw a house that cost one hundred thousand francs." Then the grown-ups will say: "What a beautiful house!"

So, if you said to the grown-ups: "I know that the little prince was real because he was beautiful, he laughed, and he wanted a sheep. When someone wants a sheep, that proves he is real," they would not believe you. They would treat you like a child. But if you said: "He comes from Asteroid B612," then the grown-ups would believe you, and they would stop asking questions. Grown-ups are like that. You cannot hold it against them. Children should be kind to grown-ups.

But, of course, we who understand life, we laugh at numbers. I would have liked to begin this book as a beautiful story. I would have liked to have written:

"Once upon a time there was a little prince. He lived on a planet that was not much bigger than he was, and he needed a friend..." For those who understand life, that would have felt more true.

■ only then そのとき初めて　■ cost （金が）かかる　■ prove （〜であることが）わかる
■ hold 〜 against … 〜のことで…をわるく思う［責める］　■ once upon a time 昔々
■ those who 〜する人々

びが好き？　蝶を集めたりする？」なんてことは、絶対に聞かない。代わり
に、「年はいくつ？　お兄さんやお姉さんは何人いる？　体はどのくらい大き
い？　ご両親はいくらくらい稼ぐの？」っていうことばかり聞くんだ。こう
いう数字を聞いて初めて、その子のことがわかったような気になるんだよ。
「窓辺に花がかざってあって、バラ色の石でできた素敵な家を見たよ……」と
言ったら、おとなはどんな家か想像もつかないだろう。彼らにわからせるに
は、「10万フランもする家を見たよ」と言わなけりゃならないんだ。そうし
たら「なんて素敵な家だろう！」って言うよ。

　だからもし、「小さな王子さまが本物だってことは、王子さまが素敵で、
笑って、ヒツジをほしがったからわかるよ。ヒツジをほしがるってことは、
本物だってことだよ」なんて言ったら、おとなは信じないだろう。きみを子
ども扱いするに決まってる。でももし、「惑星B612から来たんだよ」と言え
ば、おとなは信じるだろうし、いろいろ質問してこなくなるだろう。おとな
って、そういうものなのだ。責めちゃあいけないよ。子どもはおとなにやさ
しくしてあげなきゃ。
　もちろん、人生のことがわかってるぼくらは、数字なんか笑い飛ばすよ。
この本は、美しいお話として始めたかったな。こういう出だしのね：

　「昔々、あるところに小さな王子さまがおりました。自分よりちょっと大
きいだけの惑星に住んでいて、友達をほしがっていました……」人生っても
のがわかってる人には、この方がもっと現実味があったと思うよ。

No one should read my book in a joking mood. Writing about this makes me quite sad. It has already been six years since my friend left with his sheep. I write about him now so that I will not forget him. It is a sad thing to forget a friend. Not everyone has had a friend. And then I might become like the grown-ups who are not interested in anything except numbers. That is why I bought a paint box and colored pencils. It's hard to start drawing at my age, after not drawing anything except the insides and outsides of a boa constrictor! I will try to make my drawings as good as possible. But I am not likely to succeed. One drawing is fine. The next doesn't look like the little prince at all. Here he is too tall. There he is too small. Also, I am not sure about the color of his clothes. So I go on, doing my best. I will probably make some mistakes. But you must excuse me. My little friend never explained these things to me. He probably thought that I was like him. He probably thought that I understood everything by myself. But I cannot see the sheep inside the box. Perhaps I have become like the grown-ups. I had to grow up.

■ so that 〜するために   ■ excuse 許す

　だれも、ふざけた気持ちでぼくの本を読んじゃいけないよ。これを書きながら、ぼくは本当に悲しいんだから。ぼくの友達が、ヒツジを連れていなくなってから、もう6年が過ぎた。今、書いているのは王子さまのことを忘れないためだ。友達のことを忘れるのは悲しいことだ。だれもが友達を持てるわけじゃない。ぼくだって、数字のことしか興味のないおとなみたいになるかもしれないしね。だから絵の具箱と色えんぴつを買ってきたんだ。ぼくの年になって絵を始めるのは楽じゃない。しかも、大蛇ボアの内と外しか描いたことがないんだからね！　できるだけ上手に描くようにがんばるよ。でもたぶんうまくいかないだろう。1枚目はまだいいんだ。ところが2枚目は、小さな王子さまとは似ても似つかない代物になる。次の絵では背が高すぎる。次の絵は小さすぎ。それに、王子さまの服の色合いがはっきりわからない。そんな具合に、ぼくは一生懸命描き続ける。いくつか、間違いもするだろう。でも許してくれないといけないよ。ぼくの友達の王子さまは、こういうことを一度も説明してくれなかったんだからね。きっと、ぼくのことを自分と同じだと思ったのだろう。ひとりでなんでもわかっていると思ったのだ。でもぼくには、箱の中のヒツジが見えない。おとなみたいになってしまったのかもしれない。ならなきゃいけなかったんだよ。

覚えておきたい英語表現

I thought long and hard about this. (p.16, 7行目)
ぼくは、長いこと一生懸命考えた。

【解説】thought（考えた）という動詞の後にlong（長い時間をかけて）とhard（一生懸命）をつけることによって、6歳の少年が、獲物をひとのみにした大蛇ボアの姿を一生懸命想像している情景が思い浮かびます。何か大切なことを言う前の前置きに使うことができます。

【例文】① I thought long and hard about our relationship.
わたしたちのことを真剣にじっくり考えてみたの。

＊つきあっている彼女にそう言われたら、次に出てくる言葉が非常に気になりますよね。"And, I came to the conclusion that we should get married!"「それで、やっぱりわたしたち結婚すべきだという結論に達したの」ホッ…？　それとも冷や汗…？

② I worked long and hard on this project.
このプロジェクトには時間もエネルギーもたっぷりかけた。

grown-ups（p.18, 1行目）
おとなたち

【解説】おとな（たち）のことを、英語でadultsと言う場合とgrown-upsと言う場合があります。grown-upsには、成長した人、"おとなになってしまった人たち"の意味合いがあります。まだ成長過程にある子どもたちに対比して使う言葉です。

【例文】① Grown-ups always need help understanding things.（p.18, 7行目）
おとなはひとりでは何も理解できない。

＊おとなは、自分の直観や素直な感情につき動かされることにはうしろめたさを感じる。世間の常識や良識というお手本なしには何も理解しようとしないし、何もできない。人の資質も外見や肩書で判断してしまうので、真実を見きわめるための助けが必要だという意味。

grown-ups（名詞）のかわりに、grow up（動詞）を使った表現もできます。

② Grow up!　　　もっとおとなになれよ！

＊無責任な人や自己中心的な人に対しても言える表現です。

40

This information is quite helpful. (p.18, 18行目)
この情報はとても役立つ。

【解説】quite（とても、実に）は大変使い勝手のよい副詞です。特にイギリス人が好んで使います。ビジネスシーンでも、強調したいときに使える品のよい副詞ですからぜひ使いましょう。

【例文】① This is quite good!
素晴らしい（すごく美味しい）！

＊料理をほめるときにも使えます。

② Writing about this makes me quite sad. (p.38, 1行目)
これを書きながら、ぼくは本当に悲しい（心が痛む）。

to have some sense (p.20, 4行目)
もの（の真価）がわかる

【解説】sense には、感覚、五感、判断力、思慮分別といった意味が含まれます。英会話でもよく使われます。文中では、おとなの思慮分別やものわかりのよさを指しているのではなく、（子どものような）豊かな感性や感覚を持っていることを指します。

【例文】① I have no sense of direction.
私は方向音痴です。

② We can provide a sense of security.
弊社は安心をお届けします。

③ He has a good sense of humor.
彼はユーモアセンス抜群。

④ We have a strong sense of urgency to make a decision.
緊急に決定を下す必要がある。

⑤ She must develop a sense of responsibility.
彼女は責任感を身につけなくてはならない。

覚えておきたい英語表現

It was a matter of life or death. (p.20, 15行目)
生死がかかっていた。

【解説】matterの名詞形には、物質、問題、事柄といった意味が含まれ、ここでは「（生きるか死ぬかの）問題だ」という意味で使われています。生死の境を何度もさまよった、サン＝テグジュペリや親友ギヨメの生々しい体験がにじむ言葉です。

【例文】① Our company is faced with a matter of life and death.
我が社は死活的な問題に直面している。

② This matter is now under discussion.
この問題は目下検討中です。

③ Matters are different in Britain.
英国では事情が異なります。

④ This is a matter for serious consideration.
真剣に考慮すべき事柄です。

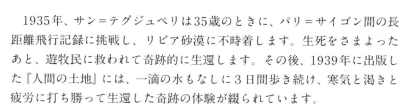

　1935年、サン＝テグジュペリは35歳のときに、パリ＝サイゴン間の長距離飛行記録に挑戦し、リビア砂漠に不時着します。生死をさまよったあと、遊牧民に救われて奇跡的に生還します。その後、1939年に出版した『人間の土地』には、一滴の水もなしに3日間歩き続け、寒気と渇きと疲労に打ち勝って生還した奇跡の体験が綴られています。

　現代人もさまざまな試練に直面しています。災害、事故、病、仕事や家庭の危機、人間関係の問題など、悩みの種は尽きないでしょう。だからこそ、「それでも生きていくこと」の意味を再確認することが必要なのです。生死がかかったとき、人間は強靭な生命力を発揮することができることを信じ、生きることの意味を問い直すのです。

　悩んでいる人、苦しんでいる人の心に深くつきささる言葉です。自分の仕事や家族、社会に対するゆるぎない責任観こそ、萎える心と体を突き動かし、勇気をふるいおこさせる原動力となるのです。

42

I saw a most unusual little boy. (p.22, 9行目)
見たこともない男の子がいた。

【解説】unusualは、usual（普通）ではない、珍しい、不思議な情景を意味します。 a mostをつけることによって、さらに強調されます。異質の物や人や事柄を表わすとき、失礼にならない便利な表現です。日本語の"ヘンな"はstrangeやweirdという英語があてはまりますが、日本語同様、子どもっぽい（子どもに失礼！）表現ですので、ビジネスシーンなどではお勧めできません。グローバル化が進む現在、異質なものをdifferent（異なる）、unique（独特）、unusual（珍しい）として認め、享受することが大切です。

【例文】① That is a most unusual idea!
実にユニークなアイディアだ！

＊奇妙な、奇抜な、ヘンなアイディアだと思ったときにも使えます。

② It was a most unusual scene… A gentleman in a fine gray suit was sobbing in the elevator.
すごく不思議な光景だったわ…。立派なグレースーツを着た紳士がエレベーターの中ですすり泣いていたの。

My drawing is far from perfect. (p.22, 11行目)
ぼくの絵は完ぺきからほど遠い。

【解説】もしあなたが自分の英語に自信がなかったら、そのことを英語でどう言いますか？ 日本人がよく言うのは、"I speak bad English." "I don't speak English well." といった、ネガティブな表現です。同じことをもっと別の英語表現を使って言ってみませんか？ "I'm afraid my English is far from perfect."「残念ながら私の英語は完ぺきからはほど遠いです」 それで終わるのではなく、ポジティブな表現でフォローしましょう。"But, I'm working on it very hard."「でも、一生懸命努力しています」これで、印象がぐんとアップしますから、ぜひ試してください。

覚えておきたい英語表現

【例文】① My singing is far from perfect but I love to sing!
私の歌はまだまだだけど、歌うことが大好きです！

② What I can offer you may be far from perfect, but I will do anything to see sparkles in your eyes.
ぼくがきみにあげられるものは完ぺきからほど遠いかもしれない。でも、きみの瞳をきらきらと輝かせるためだったら、ぼくは何でもするよ。

nothing like~（p.24, 4行目）
まったく～に見えない

【解説】強調したいときに動詞の後に入れて使える便利な表現です。likeの後に続くフレーズを全面否定します。本文では、

/He looked /nothing like /a child lost in the middle of the desert.

王子さまは～に見えた。 まったくそうではない 砂漠で迷子になった子ども
（必ず肯定形を使用）

ⒶとⒷの間にnothing likeを入れると、「ⒶはまったくⒷではない」という意味になります。

He didn't look like a child lost in the middle of the desert.

とするよりも、リズム感があり、王子さまが砂漠をさまよってきた迷子のようではなかったことが非常に印象付けられます。どんな風貌の少年なのか、好奇心がかきたてられます。

【例文】① It was nothing like what I expected.
それは期待（予想）とはまったく違っていた。

＊よかった場合にもわるかった場合にも両方使えます。

② She was nothing like what I imagined.
彼女は想像とはまったく違っていた。

44

He studied it with pleasure. (p.30, 8行目)
王子さまは嬉しそうにながめていた。

【解説】studyという単語には、勉強だけではなく、学ぶ、検討する、観察するといった意味もあります。with pleasure（喜んで）は心に響くフレーズですのでぜひ使ってみましょう。"Thank you." と言われたら、"With pleasure!"「喜んで！」と言えば、"You're welcome."「どういたしまして」の意味になります。にっこりと微笑んで相手の目を見て言うことが肝心です。

【例文】① I will study your proposal.
ご提案を検討させていただきます。

＊studyを使うことによって、詳細に検討するニュアンスがでます。

② I will attend with pleasure.
喜んで参加させていただきます。

＊招待されたときにはこう言いましょう。

not likely to ~ (p.38, 9行目)
おそらく～しないだろう

【解説】残念なことやネガティブなことを言わなくてはならないときに使える表現です。見込みがほとんどないことを意味しますが、可能性の余韻も少しだけ残しています。100％ダメだとは断言しないので、雰囲気を少しやわらげ、ビジネスでも重宝する表現です。以下の例文のように、"But,"や"However,"で、対処法を述べることができます。

【例文】① I'm afraid we're not likely to hit our target this year. However, we have great strategies to move ahead and make a turnaround next year!
残念ながら今期の目標達成は難しそうです。しかし、来期は強力な戦略で前進し、業績を挽回します！

② He's not likely to say Yes. So, we should be proactive!
彼はYesとは言ってくれそうもない。だから、先手を打たねば。

おとなになること

おとなたちには子どもたちの助けが必要！

『星の王子さま』を読むとそのことに気付きます。それに気付かないおとなには、一番子どもたちの助けが必要です。澄んだ瞳で見ること、耳をすまして聞くこと、体全体で感じること、今の気持ちをすべて素直に表わすことや、人を外見や学歴で判断しないことなどをすっかり忘れてしまったおとなはたくさんいるのではないでしょうか。混沌とした現在、すべての指導者が子どもの心の助けを必要としているのかもしれません。読者のみなさんも今、ここで本書に描写されたgrown-upsのプロフィールに少しでも自分があてはまったら、子どもの心を取り戻すための行動に移しましょう。

作者アントワーヌ・ド・サン＝テグジュペリの分身ともいわれる主人公のパイロットは、6歳のころ、自分が描いた絵が「ヘタ」だ、とおとなたちに判断されたために、画家の夢をあきらめてしまいます。おとなたちは次々と子どもたちの夢をこわしていることに気づかなくてはなりません。「上手」「ヘタ」の判断を簡単に下してしまうのは、おとなのわるい癖です。子どもの夢を摘み取らず、自分自身も幼子のような好奇心をいつまでも持ち続け、永遠にgrow up（成長）し続けることができたら、どんなに素敵でしょう……。

Grown-ups love numbers. (p.34)
おとなたちは数字が大好きだ。

おとなたちは、人間を知るためには数字が不可欠だと思っています。年齢、学歴、成績、年収など、数字の尺度を使って相手の品定めをします。だから、

They never ask important questions. (p.34)
肝心なことは何も聞かない。

サン＝テグジュペリが言う肝心なこととは、その人がどんな声で話すのかとか、蝶が好きかとか……

Children should be kind to grown-ups. (p.36)
子どもはおとなにやさしくしてあげなくちゃ。

なんて寛容な言葉なんでしょう！　わからずやのおとなたちにもやさしくしてあげましょう。だって、わからずやの子どもになったら、grown-upsの仲間入りしてしまうから。

Part 2

Chapter 5-8

Chapter V

Each day I learned something about his planet, the reasons why he left, and about his journey. I learned these things slowly, by chance, as we talked. That was how, on the third day, I learned about the baobabs.

Once again, I learned about them because of the sheep. Suddenly, as if he was feeling doubtful, the little prince asked me:

"It's true, isn't it, that sheep eat bushes?"

"Yes. That is true."

"Oh! I am glad."

I didn't understand why it was so important that sheep eat bushes. But then the little prince asked:

"Does that mean that sheep also eat baobabs?"

I told him that baobabs were not bushes—they were trees as tall as churches. Even if he had many elephants, they would not be able to eat a single baobab.

■ by chance 偶然 ■ baobab バオバブ《アオイ目パンヤ科の巨木》 ■ feel doubtful 確信が持てない ■ even if たとえ〜でも

第 5 章

　毎日ぼくは、王子さまの惑星のことや、どうして王子さまがそこを離れた
か、それからの旅について、何かしら学んだ。話をしているうちに、ゆっく
りと、偶然、わかるんだ。3日目にバオバブの木について聞いたときもそう
だった。

　これも、きっかけはヒツジだった。不安そうな感じで、王子さまが突然、
聞いてきたのだ。

　「ヒツジが草を食べるって本当だよね？」

　「そう、本当だよ」

　「そうか！ よかった」

　ヒツジが草を食べるのがどうしてそんなに大事なのか、ぼくにはわからな
かった。でも、王子さまはこうたずねたのだ。

　「じゃあ、ヒツジはバオバブも食べる？」

　そこでぼくは、バオバブは草では
なくて、教会みたいに大きい木なの
だと教えてやった。象がたくさんい
ても、バオバブの木を1本食べるこ
ともできやしないと。

The idea of so many elephants made the little prince laugh:

"Maybe we could put them on top of each other..."

Then he told me:

"Baobabs do not start out large, you know. When they are young, they are very small."

"That's true. But why do you want your sheep to eat the young baobabs?"

He said, "Well, let me explain!" as if he were making an important point. I had to listen carefully to understand what he said next.

On the little prince's planet, as on all planets, there were good plants and bad plants. Which means that there were also good seeds from the good plants, and bad seeds from the bad plants. But seeds are very small and very difficult to see. They sleep in the ground until they decide to wake up and start growing. Then they push a little shoot up through the ground. If the little shoot grows up to be a good plant, you can leave it alone. But if the shoot becomes a bad plant, you must pull it up as soon as you can. There were some terribly bad seeds on the planet of the little prince... baobab seeds. The soil of his planet was full of them. And if you wait too long to pull up a young baobab, it will grow until it covers the entire planet. It will take over the planet. And if the planet is very small, and if there are too many baobabs, the baobabs will destroy the planet.

"It is a matter of dealing with them every day," the little prince said to me later. "Each morning, I would take care of my planet. I had to

■ plant 草木 ■ seed 種 ■ shoot 若芽 ■ soil 土 ■ take over のっとる

たくさんの象を思い描いて、王子さまは笑った。

「象をどんどん上に積んでいけばいいんだね……」

そして言った。

「バオバブは最初から大きいわけじゃないんだよ。はじめはとても小さいんだ」

「それはそうだ。でもきみはどうして、ヒツジに小さいバオバブを食べさせたいんだい？」

王子さまは言った。「うん、説明しよう！」重大事を明かすような言い方だった。次にくる説明をちゃんと理解するのに、ぼくは注意して聞かなければならなかった。

惑星ではどこも同じだが、小さな王子さまの惑星にも、いい植物とわるい植物が生えていた。つまり、いい植物から取れるいい種と、わるい植物から取れるわるい種とがあったのだ。でも種というものは、とても小さくて見にくい。目をさまして成長しようと決めるまでは土の中で眠っていて、その時が来ると、土を突き抜けて小さな芽を出すんだ。その芽が大きくなって、いい植物になれば、そっとしておいていい。でもわるい植物になったら、できるだけ早くひっこ抜かなければならないのだ。王子さまの惑星には、ものすごく性質のわるい種があった……バオバブの種だ。この種は、星中の土の中に埋まっていた。うっかりして芽のうちに抜いてしまわないと、どんどん育って惑星中に広がってしまうのだ。星は乗っ取られてしまうだろう。うんと小さい惑星にバオバブがたくさん育ったら、その星は壊されてしまう。

「要は、毎日、きちょうめんに片づけることだよ」小さな王子さまはあとでぼくに言った。「毎朝、ぼくは星の世話をする。バラの苗と区別がつくが早

pull up the little baobabs as soon as I could tell them apart from the young rose plants. Baobabs look like roses when they are very young. It is very boring to do, but it is very easy."

And one day he asked me to make a picture to help children from my planet. "If they are traveling someday," he told me, "this may help them. Sometimes you can wait and do your work later. But if you are dealing with baobabs, waiting leads to terrible problems. I knew a planet where a lazy man lived. He ignored three little shoots and . . ."

Therefore I drew this picture, as the little prince described it. In general I do not like to tell people what they should do. But the dangers of baobabs are not widely known. And so, this one time I will make an exception to my rule. So I say: "Children! Watch out for baobabs!" I have worked very hard on this picture. I hope it will teach my friends about this danger. The lesson I wanted to teach was worth the trouble I took to draw it. Perhaps you may ask: Why aren't the other pictures in this book as good as the picture of the baobabs? The answer is simple: I tried my best, but I did not succeed. When I drew the baobabs, I was energized by the dangers they pose.

■ apart from ～は別として ■ lead to ～につながる ■ lazy 怠惰な ■ in general た いてい ■ make an exception 特例を設ける ■ watch out 警戒する ■ be energized by ～に励まされる ■ pose 引き起こす

いか、バオバブの苗は抜くんだ。出始めのころは、バオバブってバラにそっくりなんだよ。作業はおもしろくもないけど、簡単なんだ」

　そしてある日、王子さまは、ぼくの惑星の子どもたちのために絵を描いてほしがった。「いつか子どもたちが旅行することがあったら」、王子さまは言った。「これが役に立つかもしれない。待ってみて、あとからやっても遅くない作業もある。でもバオバブが相手のときは、待っていたら大変なことになるんだ。ぼくの知っているある星は、なまけものの男が住んでいて、3本の若芽をほうっておいたんだ。そうしたら……」

　それでぼくは、王子さまの説明どおり、この絵を描いた。普通なら、ぼくは人に指図をするのはきらいだ。でもバオバブの危険というものはあまり広く知られていない。だから、今回だけは自分のルールに例外をつくることにした。こう言おう。「子どもたち！　バオバブに気をつけろ！」ぼくは、この絵をものすごく一生懸命描いた。ぼくの友達がこれを見て、バオバブの危険をわかってくれるといいのだが。ぼくの言
いたかったこの教訓は、がんばって
絵を描くだけの価値があったと思
うよ。きみはたずねるかもしれ
ない。この本のほかの絵は、どう
してバオバブの絵みたいに上手
じゃないの？　答えは簡単だ。ぼ
くはベストを尽くしたけど、う
まくいかなかった。バオバブ
を描いたときは、バオバブの
はらむ危険に触発されたのだ。

Chapter VI

Oh! Little prince, I began to
understand at last the sadness of your
little life. You never had much time for pleasure,
except for enjoying the beauty of the sunset. I learned
this on the fourth morning, when you said to me:
"I love watching the sunset. Let's go watch one..."
"But we have to wait..."
"Wait for what?"
"Wait until the sun sets."
You looked very surprised at first, and then you laughed at
yourself. And you said: "For a moment I thought I was home!"

As everyone knows, when it is noon in the United States, the sun
is setting in France. We would have to travel to France in about a
minute if we wanted to watch the sunset. Unhappily France is much
too far away. But, on your little planet, all you had to do was move

■ at last ついに ■ sunset 夕焼け ■ the sun sets 日が沈む

第 6 章

　ああ、小さな王子さま。ぼくはようやく、きみの小さな人生の悲しみがわかりかけてきた。きみは、入り日の美しさを眺める以外には、楽しみの時間など持たずに来たのだ。これを知ったのは4日目の朝、きみがこう言ったときだった。

「ぼく、日の入りを見るのが大好きだよ。見に行こうよ……」
「でも待たなくちゃ……」
「待つって、何を？」
「太陽が沈むのをだよ」
　きみは最初、とてもびっくりしたようで、それから自分自身を笑って言った。「一瞬、自分の星にいるんだと思っていたよ！」
　みんな知ってると思うけど、アメリカで正午のとき、太陽はフランスで沈んでいく。日の入りを見たければ、1分くらいでフランスに行かなくちゃいけないわけだ。不幸なことに、フランスはあまりに遠い。でもきみの小さな惑星なら、椅子を何フィートか動かすだけでいいんだね。そうしたら日の入

STOP

your chair a few feet. And you could watch the sunset as often as you liked.

"One day I watched the sun set forty-four times!"

Later you added:

"You know… when you are sad, watching the sunset makes you feel better…"

I asked, "On the day when you watched the sun set forty-four times, were you very sad?"

But the little prince did not answer me.

 # Chapter VII

On the fifth day, I learned the secret of the little prince's life. He suddenly asked me a question. It seemed that he had thought about this question for a long time:

"If a sheep eats bushes, would it eat flowers, too?"

"A sheep eats everything it comes across."

"Even flowers with thorns?"

"Yes. Even flowers with thorns."

"So what good is having thorns?"

■ feet フィート《長さの単位。約30cm》　■ come across 〜に出くわす　■ thorn とげ

りを、何度でも見たいだけ見られるんだ。

「44回見たこともあるよ！」
また、こうも言った。
「ねえ、知ってる……悲しいときには夕日を見ると気分が休まるんだ……」

ぼくはたずねた。「日の入りを44回も見た日は、とても悲しかったんだね？」
王子さまは答えなかった。

第7章

　5日目になって、ぼくは王子さまの秘密を知った。王子さまは突然、質問をしてきたが、長いこと考えてから聞いたようだった。

「もしヒツジが草を食べるのなら、花も食べる？」
「ヒツジは、手当り次第、何でも食べるよ」
「トゲのある花でも？」
「そうだ。トゲのある花でも」
「じゃ、トゲなんて、何のためにあるのさ？」

I didn't know. I was very busy. I was trying to fix my plane. I felt quite worried. The plane was difficult to fix, and I did not have much drinking water left.

"So what good is having thorns?" The little prince never stopped asking a question. Because I felt worried and cross, I said the first thing that came into my head:

"The thorns don't do any good at all. Flowers have thorns because they are mean!"

"Oh!"

But after a while, he said angrily:

"I don't believe you! Flowers are weak. They are innocent and beautiful. They are just trying to protect themselves as best they can. They believe that their thorns keep them safe..."

I did not answer. I was not listening. I was still thinking about my plane. Then the little prince said to me:

"And so you, you think that flowers..."

"No! No! I don't think anything! I was saying whatever came into my head. I'm busy with important matters!"

He stared at me, shocked, and cried:

"Important matters!"

He added, "You talk like a grown-up!"

That made me feel bad. But still he continued: "You don't understand anything!"

■ not do any good 何の役にも立たない ■ mean 意地悪な ■ innocent 純粋な
■ continue 続ける

そんなことはぼくは知らない。それより忙しかった。飛行機を直そうとしていたのだ。心配でたまらなかった。修理は難しく、飲み水は底を尽きかけていた。

「だったらトゲは、なんのためにあるのさ？」小さな王子さまは、質問をぜったいにやめないのだ。ぼくは心配で、機嫌がわるかったので、頭にうかんだ最初のことを言った。

「トゲなんて、なんの役にも立ちやしないよ。花は、意地悪だからトゲをつけてるんだ！」

「えっ！」

でもしばらくして、王子さまは怒ったように言った。

「きみの言うことなんか、信じないよ！ 花は弱いんだ。純粋で、美しいんだ。できるだけのことをして自分を守ろうとしているだけなんだよ。トゲが守ってくれると信じているんだ……」

ぼくは答えなかった。聞いてもいなかった。ずっと飛行機のことを考えていたのだ。王子さまがまた言った。

「それじゃ、きみは、きみが考える花は……」

「違う、違う！ ぼくは何にも考えちゃいない！ 思いついたことを言っただけなんだ。大事なことで忙しいんだ！」

王子さまはぼう然としてぼくを見つめ、声をあげた。

「大事なこと！」

そして言った。「きみはおとなみたいな話し方をするんだね！」

ぼくは決まりがわるくなった。でも王子さまは続ける。「きみは何もわかっちゃいないよ！」

He was really quite angry. He shook his golden-haired head:

"I know a planet where there is a red-faced man. He has never smelled a flower. He has never looked at a star. He has never loved anyone. He never does anything except add numbers together. Just like you, all day long he says, 'I am an important man! I am an important man!' He is filled up with his own importance. But he isn't a man...he's a mushroom!"

"A what?"

"A mushroom!"

The little prince had turned white with anger:

"For millions of years, flowers have grown thorns. And yet, for millions of years, sheep have eaten flowers. How can you say that it isn't important to try to understand why flowers keep growing thorns that don't ever protect them? How can you say that the war between the sheep and the flowers doesn't matter? That it isn't more important than a fat, red-faced man doing math? And I, I know a flower that is the only one of its kind, that does not live anywhere except on my planet...and if a little sheep destroyed that flower, ate it one morning, without realizing what it had done—that, that doesn't matter?"

His face turned pink as he continued:

"If a person loves a single flower that lives on just one star among millions and millions of other stars, that is enough to make him happy when he looks up at the stars. He sees the stars and says to

■ all day long 1日中　■ be filled up with 〜で満たされている　■ turn white 青ざめる

　王子さまは、本気で怒っていた。金色の髪をゆらしながら、

　「ぼくは、真っ赤な顔のおじさんが住んでいる星を知ってるよ。おじさんは花の香りをかいだこともなければ、星を見上げたこともない。だれかを愛したこともない。足し算以外、何もしない。そしてきみみたいに『おれは重要人物だ！ おれは重要人物だ！』って一日中、言ってるんだよ。自分の重要さで頭が一杯なんだ。でもそんなのは人間じゃない……キノコだ！」

　「なんだって？」
　「キノコさ！」
　王子さまは、怒りで蒼白になっていた。
　「何百万年もの間、花はトゲを生やしてきた。なのに、何百万年もの間、ヒツジは花を食べてきた。花がどうして、守ってもくれないトゲを生やし続けるのか、わかろうとすることが大事じゃないなんて、どうしてきみに言えるの？ ヒツジと花の戦争なんか問題じゃないって、どうして言えるの？ 足し算をしてる赤い顔の太ったおじさんより、大事じゃないって言えるの？ それにぼくは、ぼくは、たった一つしかない、ぼくの星にしか咲かない花を知ってるんだよ……そしてもし小さなヒツジがその花を壊してしまったら、自分のしていることの重大さも知らずにある朝、食べてしまったら――それがなんでもないって言うの？」

　続けるうちに、王子さまの顔は薄桃色に染まってきた。
　「もしだれかが、何百万もの星の中で、たった一つの星に住む花を愛したら、夜空を見上げるだけで幸せになるよ。星たちを見て、心の中で言うんだ。『ぼくの花は、このどこかにいる……』でももしヒツジがその花を食べてしま

himself: 'My flower is somewhere out there...' But if the sheep eats the flower, it's as if, for him, suddenly, all the stars went out. And that...that is not important!"

The little prince could not speak anymore. He cried and cried. The night had fallen. I stopped everything I had been doing. I didn't care about my plane, or about my hunger, or even the possibility of dying. There was, on a star, on a planet—this planet, my planet, the Earth—a little prince who was unhappy! I took him in my arms. I held him. I told him: "The flower you love is not in danger...I will draw something to protect your flower...I..." I didn't really know what to say. I felt helpless. I didn't know how to reach him...The land of tears is such a faraway place.

 # Chapter VIII

I soon learned more about this flower. On the little prince's planet, there had always been very simple flowers. They had a single set of petals. They would appear one morning, and by evening they would be gone. But this special flower grew from a seed that must have come from somewhere else. The little prince watched carefully as this

■ land of tears 涙の国　■ faraway place 遠く離れた場所　■ petal 花びら

ったら、突然、星がぜんぶ消えるのと同じじゃないか。それが……それが大事じゃないって言うんだ！」

　小さな王子さまは、それ以上何も言えなかった。泣いて、泣いて、泣きとおした。夜になっていた。ぼくはやっていたことをぜんぶやめた。飛行機も、空腹も、死ぬかもしれないことさえ、どうでもよかった。ある星の、惑星の上に――いや、この惑星、ぼくの惑星、この地球に――不幸せな、小さな王子さまがいるのだ！　ぼくは王子さまを抱きよせた。抱きしめて、言った。「きみの愛している花は危ない目になんか遭ってないよ……きみの花を守れるように、何か描いてあげる……ぼく……」なんと言っていいか見当もつかなかった。自分の無力さをいたいほど感じた。どうやったら王子さまの心にとどくのか、わからなかった……。涙の国は、あまりにも遠かった。

第 8 章

　まもなくぼくは、この花についてもっと知ることになった。小さな王子さまの惑星では、いつも単純な花しか生えたことがなかった。花びらは一重で、ある朝、咲いたかと思うと、夕方にはしぼんでいた。でもこの特別な花は、種の時、どこか他の場所から来たに違いない。王子さまは、この変り種が成長するにつれ、注意深く見守った。ほかのどの植物とも違うらしい。新種

unusual plant began to grow. It looked different from all the other plants. It might have been a new kind of baobab. Then this unusual new plant started to grow a flower. The little prince guessed that this flower would be something special. But the flower was not ready to open yet. She was not finished making herself beautiful. She chose her colors with care. She dressed slowly. She wanted to appear in her full beauty. Oh yes, she was quite vain! Her preparations lasted for days and days. And then at last, one morning, just as the sun came up, the flower finally opened.

After all her careful preparations, she said:

"Oh! I am not quite awake... You must excuse me... I am not really fit to be seen..."

The little prince could not contain himself. He cried:

"How beautiful you are!"

"I am, aren't I?" the flower replied sweetly. "And I was born just as the sun was rising..."

The little prince could see that she was rather vain. But she was so lovely and delicate!

"I believe that it is time for my breakfast," she told him. "If you would be so kind..."

And the little prince, feeling embarrassed, filled a watering can with cool water and gave the flower her breakfast.

■ vain　うぬぼれが強い　■ preparation　したく　■ contain oneself　自制する
■ embarrassed　当惑して　■ watering can　じょうろ

のバオバブかもしれなかった。ある日、つぼみをつけた。小さな王子さまは、とびきりの花が咲くのだろうと思った。でも花の方では、一向に開く気配がなかった。お支度がすんでいないのだ。花は、身にまとう色彩を注意深く選び、ゆっくりと衣装をととのえた。最高に美しいところを披露しなければ。そう、とてもうぬぼれが強かったのだ！準備は、何日も何日もかかった。そしてついにある朝、ちょうど太陽が昇るころ、花は開いた。

　あれだけ念入りに準備したのに、花はこう言った。
　「あら！まだちゃんと目が覚めていませんのよ……失礼いたしますわ……ご覧いただくような状態じゃ、ございませんことよ……」
　小さな王子さまは、思わず叫んだ。
　「なんて美しいんだろう！」
　「そうでしょう？」花はやさしく答えた。「わたくし、朝日が昇る瞬間に生まれましたのよ……」
　うぬぼれの強い花だということは、王子さまにもわかった。でも、こんなに美しくて繊細なのだ！
　「わたくしの朝ごはんの時間だと思いますわ」
花は王子さまに言った。
「もしよろしければ……」
　きまりわるくなって王子さまは、
じょうろに冷たい水を一杯入れ、
花に朝ごはんをあげた。

Soon she was worrying him with her vanity. One day, for example, as they talked about her four thorns, she told the little prince:

"Let the tigers come. I'm not afraid of their claws!"

"There are no tigers on my planet," the little prince pointed out. "And anyway tigers do not eat bushes."

"I am not a bush," the flower sweetly replied.

"I am sorry..."

"I'm not afraid of tigers. However, cold air is not good for my health. Do you have a screen?"

"Cold air is bad for her health...that is unusual for a plant," the little prince thought. "This flower is rather difficult..."

"Every night, please put me under a glass globe to keep me warm. It is very cold here where you live. In the place I come from..."

But she stopped herself. She had arrived on the little prince's planet as a seed. She had never known other planets. Angry that she had been caught in such a foolish lie, she coughed two or three times:

"Do you have a screen?"

"I was about to go and find it, but you were speaking to me!"

Then she coughed again to make him feel bad.

花はすぐ、見栄をはっては王子さまを困らせ始めた。たとえばある日、バラの4つのトゲの話をしていたときだった。こう言った。

「トラでもなんでも来るがいいわ。カギ爪なんて、怖くない！」

「ぼくの星にトラはいないよ」王子さまは指
摘した。「どっちにしても草を食べないし」

「わたくしは草ではありませんわ」花は甘っ
たるく言った。

「ごめん……」

「トラなんか怖くないことよ。でも、冷たい空
気はわたくしの体によくありませんわ。風除け
をお持ち？」

「冷たい空気が体にわるいなんて……植物なのにめずらしい」小さな王子
さまは思いました。「この花はだいぶ気難しいんだな……」

「毎晩、ガラスのケースをかぶせて暖かくしてくださいな。あなたの星は
とても寒いんですもの。私が生まれ育ったところでは……」

花は口をつぐんだ。王子さまの星には種のときに来たのだ。他の星のこと
なんか、知っているはずがない。ばかな嘘が見え見えになって花は怒り、2、
3回咳をした。

「風除けはお持ちかしら？」

「今、探しに行こうとしたんだけど、きみが話しかけてきたから！」

花は、王子さまにやっぱりすまなかったと思わせようとして、また咳をし
た。

■ vanity 虚栄心　■ point out 指摘する　■ anyway いずれにせよ　■ glass globe 球状
のガラス器　■ be caught in 巻き込まれる　■ lie うそ　■ cough せきをする　■ be
about to 〜するところだ

And that is how the little prince began to doubt the flower he loved. He had trusted what she said, and now he was unhappy.

"I should not have listened to her," he told me one day. "You should never listen to what flowers say. It's best just to look at them and enjoy how they smell. My flower made my entire planet beautiful, but I could not enjoy it. I should have been gentler with her..."

He continued:

"I never really understood her! I should have judged her by her actions and not by her words. She made my world beautiful. I never should have left! I should have seen the sweetness beneath her foolish games. Flowers are so difficult! But I was too young to know how to love her."

■ should have done ～すべきだった（のにしなかった）　■ gentle やさしい

　こうして、王子さまは、愛する花を疑うようになった。花が言うことをずっと信じてきたけれど、今は不幸せだった。

　「花の言うことなんか、聞いちゃいけなかったんだ」ある日、王子さまはぼくに言った。「花が何か言っても、信じるものじゃない。花というのは、ながめて、香りをかぐだけにするのが一番いいんだ。花のおかげでぼくの星全体が美しくなったのに、ぼくはそれを楽しめなかった。もっとやさしくするべきだったんだ……」

　王子さまは続けて言った。

　「ぼくは、この花のことが本当はわかっていなかったんだ！　花の言うことじゃなく、することで判断すべきだったんだ。花は、ぼくの世界を美しくしてくれた。ぼくは花のそばを離れるべきじゃなかったんだ！　ばからしい駆け引きの奥にあるやさしさに気付くべきだったんだ。花というのは、どれも本当にてこずるものだ！　ぼくはあまりに子どもで、どうやって花を愛したらいいか、わからなかったんだ」

覚えておきたい英語表現

> Sometimes you can wait and do your work later. But if you are dealing with baobabs, waiting leads to terrible problems.
> （p.52, 11行目）
>
> 待ってみて、あとからやっても遅くない作業もある。でもバオバブが相手のときは、待っていたら大変なことになるんだ。

【解説】「～の時もあるが、～の場合は違う」と、状況を比較して述べる場合には、Sometimes（時には）～と、まず言い、そのあとで、But if ~「しかし、もし～なら…」と、続けることができます。deal with ~ は、「～を相手にする・扱う」の意味です。

【例文】①This can wait.
　　　　これはあとまわしにしても大丈夫。

　　　　＊今すぐにやるべきことと、後からでも大丈夫なことの優先順位を
　　　　　しっかりとつけることが大切です。

　　　②This cannot wait.
　　　　これは待てない。今すぐ手を打つべし。

　　　③Heaven can wait.
　　　　天国からのお迎えはしばし待ってください。

　　　　＊まだまだこの世でやることがいっぱいある人が天国に向かっていうことば。

　　「星の王子さま」の星は、あっという間に一周できてしまう小さな惑星です。そこにバオバブのようなわるい植物が根を下ろすと、またたく間に惑星は破壊されてしまいます。地球も小さな惑星です。進歩をもたらすと同時に地球を破壊することもできる科学技術文明が恐ろしいバオバブになる前に、今すぐ、地球を守るための行動を取れという警鐘が聞こえてくるようです。ビジネスでは、タイミングが成否のカギをにぎります。待つべきか、今すぐ行動に移すべきか、リーダーの判断力が問われます。文中のbaobabsを人名・国名・社名や状況と置き換え、「今すぐ手を打たなくてはならない」と訴えることができます。

The lesson I wanted to teach was worth the trouble I took to draw it. （p.52, 20行目）

ぼくが伝えたかったこの教訓は、がんばって絵を描くだけの価値があった。

【解説】worth（価値）を使って、「努力や代償を払う価値がある」と英語で言うと、
"（It's not easy, but）It's worth it!"「（大変だが、）その価値はある！」
その理由は、"Because you're worth it."「あなたにはその価値があるから」
you と worth を強調して言いましょう。

【例文】①You are worth all the trouble I took to come and see you.
きみに会いに来るのは本当に大変だったけど、その価値は十分ある。

＊きみに会うためだったら苦労は問わない。きみにはそれだけの価値があるからの意味。

②One tender hug is worth million words.
やさしい抱擁は百万語に勝る。

＊心のこもった抱擁（ハグ）は、心を癒します。

真剣に伝えたいことがあるとき、人はどんな労力も惜しまないものです。

When I drew the baobabs, I was energized by the dangers they pose.
（p.52, 23行目）
バオバブを描いたときは、バオバブのはらむ危険に触発されたのだ

と書かれているように、自分がやるべきこと、どうしてもやりたいことに対して
passion（情熱）を抱くと、泉のごとくエネルギーが湧きあがってきます。その結果、
信じられないことを成し遂げることもあります。この本に描かれたバオバブの絵がと
ても力強く上手に描かれているのは、著者がうまく描こうと努
力したからではなく、危機を訴えるために必死に描いたからな
のです。

覚えておきたい英語表現

> **I know a flower that is the only one of its kind, that does not live anywhere except on my planet.** (p.60, 16行目)
>
> ぼくは、たった一つしかない、ぼくの星にしか咲かない花を知っている。

【解説】「たった一つしかない」は英語で、only one of its kind。of its kind は、one-of-a-kind 同様、「特殊な・特別な」という意味です。the only one を使うときには、そのあとに of ~（~の中で）や、who can ~（~できる）のようなフレーズで説明する必要があります。

他人が見たらどこにでもあるような花でも、星の王子さまにとっては、自分の星に住む、宇宙でたった一本しかないかけがえのない花です。王子さまと花の関係には、一人ひとりの uniqueness（唯一性）の価値が反映されています。

【例文】①You are the only one who can make a difference in yourself.
　　　　自らを変化させることができるのは自分自身だけ。

　　　②She is the only one I love.
　　　　彼女だけを愛している。

　　　③He's my one and only friend.
　　　　彼は唯一無二の友だちだ。

> **I didn't know how to reach him. The land of tears is such a faraway place.** (p.62, 11行目)
>
> どうやったら王子さまの心にとどくのか、わからなかった。涙の国はあまりにも遠かった。

【解説】とても美しい文章です。涙の国という表現も素敵ですね。reach（とどく）は、コミュニケーションできること、connect（つながる）ことを指す言葉で、ビジネスシーンでも頻繁に使用されます。

【例文】①You know how to reach me, right?
　　　　私の連絡先はご存じですよね？

　　　②You can reach me anytime by email or by cell phone if you have any

questions.
質問がありましたらいつでもメールか携帯電話で連絡してください。

③You are close, yet so far. You are in such a faraway place…
そばにいてもあなたの心は遠く離れている。遥か彼方に行ってしまった……。

I should not have listened to her. (p.68, 3行目)
彼女の言うことなんか、聞いちゃいけなかったんだ。

【解説】should not have ~ は、「～するべきではなかった」の意味。反省、後悔の言葉です。should-haves（すべきだった）や、should-not-haves（すべきじゃなかった）を多発する人生よりも、未来に目を向けた方が幸せです。

【例文】①I should not have gone to the party the night before the exam.
試験の前日にパーティーへ行くべきではなかった。

②You should have thought about that before you made your decision.
決断を下す前にそのことを考えるべきだった。

It's best just to look at them and enjoy how they smell.
(p.68, 4行目)
花というのは、ながめて、香りをかぐだけにするのが一番いいんだ。

【解説】「～するのが一番！」と言いたいときには、It's best to（動詞を入れる）のように、bestを文の最初に持ってくる方が、~ is the best. と、最後に持ってくるよりも、パンチがきいた文章になります。

【例文】①It's best just to look at the beautiful face and enjoy how it smiles at you.
美しい顔を眺め、あなたに微笑みかけるのを楽しむ（だけにしておく）ことが一番いい。

②It's best just to sit back and relax, and enjoy doing nothing.
ただゆったりとくつろいで、何もしないことを楽しむのが最高。

　男は女の言うことには耳を傾けず、ただ鑑賞していた方がよい。花を女性になぞらえた場合、フェミニストはこの文章を読んで眉をひそめることでしょう。星の王子さまのバラのモデルといわれる妻コンスエロが書いた『バラの回想——夫サン＝テグジュペリとの14年』には、花の苦労が書かれています。夫との仲違いと和解を繰り返しながら、夫の創作を励まし、不在の夫を待ち続けたサン＝サルバドル出身の小柄な黒髪の美女コンスエロの手記です。最後に夫は、「今度はトゲのあるバラではなく、きみを『星の王女さま』にした物語を書く」と言い残して戦場へ出向きます。コンスエロには喘息の持病があり、しょっちゅう咳をし、すきま風が大嫌いでした。おしゃれで見栄っぱり、芸術的才能にも恵まれた彼女は、星の王子さまのバラのように、サン＝テグジュペリに深く愛されていたのでしょう。

I should have judged her by her actions and not by her words.
（p.68, 8行目）

彼女の言うことではなく、することで判断すべきだった。

【解説】きまぐれな花の言葉にふりまわされるのではなく、彼女の行動から真意をわかってあげるべきだったという後悔の念と、花への深い愛情を表わしています。言葉や外見、学歴や肩書ではなく、その人の態度や行動で判断することを忘れてはなりません。

【例文】① Actions speak louder than words.
　　　　行動は言葉よりも雄弁。

　　　　② You should never judge anyone by his/her words alone.
　　　　言葉だけで人を判断してはならない。

Part 3

Chapter 9-12

Chapter IX

I believe that some wild birds helped the little prince leave his planet. On the morning he left, he put his planet in good order. He carefully cleaned the active volcanoes. There were two active volcanoes. They were quite useful for cooking his breakfast in the mornings. He also had a sleeping volcano. But as he would say, "You never know!" and he cleaned the sleeping volcano, too. As long as they were clean, the volcanoes burned gently, without causing problems.

The little prince also pulled up the newest baobab shoots. He felt rather sad because he believed that he would never return home. When he prepared to put his flower under her glass globe for the very last time, he wanted to cry.

"Goodbye," he said to the flower.

But she did not answer.

"Goodbye," he said again.

The flower coughed. But she was not coughing because of the cold.

■ in good order 整理されて　■ active volcano 活火山　■ sleeping volcano 休火山
■ as long as ～である限りは

第 9 章

　野生の鳥たちが、王子さまが星を離れるのを助けてくれたらしい。出発の朝、王子さまは星をきれいに整えた。活火山を注意深く掃除した。活火山は二つあって、朝ごはんの支度に重宝したものだった。休火山もあった。でも王子さまは、「わからないからね！」と言っては掃除をしていた。
きれいに掃除できているかぎり、火山は静かに燃えて、
問題を起こさなかった。

　新しく出てきたバオバブの若芽も抜いた。
この星には二度と戻らないとわかっていたの
で、王子さまは悲しくなった。最後にもう一回
だけ、ガラスのケースをバラにかぶせる準備
をしたとき、王子さまは泣きたかった。
　「さよなら」王子さまは花に言った。
　花は答えなかった。
　「さよなら」もう一度、
言ってみた。
　花は咳をした。寒いか
らではなかった。

"I have been a fool," she finally said. "I am sorry for the way I have acted. Try to be happy."

The little prince was surprised that she was not angry with him for leaving. He stood there. He did not know what to do. He did not understand her gentle sweetness.

"I love you," the flower told him. "But you never knew, because of the way I acted. But none of this is important now. And you were just as foolish as I was. Try to be happy... Don't worry about the globe. I don't want it anymore."

"But the cold night air..."

"I am not that weak... The fresh night air will be good for me. I am a flower."

"But the wild animals..."

"If I want to meet butterflies, I must put up with a few caterpillars. I've heard that butterflies are very beautiful. And who else will visit me? You will be far away. And I am not afraid of wild animals. I have my thorns."

And she innocently showed her four thorns. Then she added:

"Please don't stand around. You have decided to go. Then go."

She did not want him to see her cry. She was a very proud flower...

■ put up with ～を我慢する ■ caterpillar いも虫, 毛虫 ■ stand around ぼんやり立っている

「わたくし、ばかでしたわ」とうとう花が言った。「あんな仕打ちをしてごめんなさいね。幸せになってね」

小さな王子さまは、自分が去ることで花が怒っていないのに驚いた。王子さまは立ち尽くした。どうしてよいか、わからなかった。花がどうしておっとりと優しいのか、わからなかった。

「あなたを愛しているわ」花は言った。「でもあなたは知らなかったのよね。わたくしの仕打ちのせいで。でももう、どうでもいいことよ。あなたもわたくしとおなじくらいばかだったのよ。幸せになってね。ケースのことは心配しないで。もういらないの」

「でも冷たい夜の空気が……」

「わたくし、そこまで弱くありませんわ……。新鮮な夜気は体にいいのよ。わたくしは花ですもの」

「でも野生の動物が……」

「蝶々に会いたければ、毛虫の一つや二つ、我慢しなければ。蝶々ってとても綺麗だって聞いたことがあるわ。それに、他にだれが訪ねてきてくれるっていうの？　あなたは遠くへ行ってしまう。野生動物なんて、恐くないわ。トゲがあるんですもの」

花は無邪気に４つのトゲを見せた。そして言った。

「突っ立っていないでくださいな。行くと決めたんでしょう。お行きなさいよ」

王子さまに、泣くところを見られたくなかったのだ。ほんとうにプライドの高い花だった……。

Chapter X

The little prince found himself near asteroids 325, 326, 327, 328, 329, and 330. He decided to visit each of them. He wanted to learn about them. He also wanted to find something to do.

On the first asteroid there lived a king. The king sat on a simple but beautiful throne, wearing a wonderful purple robe.

"Aha! Here is a subject!" cried the king when he saw the little prince.

And the little prince asked himself:

"How does he know who I am? He has never seen me before."

He did not know that, for kings, the world is very simple. All men are their subjects.

"Come here so I can see you better," said the king. He was very proud to have a subject at last.

The little prince looked for a place to sit. But the planet was covered by the king's robe, so he continued to stand. And because he was tired, he yawned.

■ there lived そこに〜が住んでいました ■ throne 王座 ■ look for 〜を探す
■ yawn あくびをする

第10章

　小さな王子さまは、小惑星325、326、327、328、329、330のそばに来て
いた。一つずつ、見て回ろうと決めた。星のことを知りたかったし、何かす
ることを見つけたかったのだ。

　最初の小惑星には、王さまが住んでいた。王さまは素晴らしい紫のローブ
を着て、シンプルで、でも美しい王座にすわっていた。

　「ほほう、臣民が来たわい！」小さな王子さまを見て、王さまは叫んだ。

　小さな王子さまは心の中で思った。

　「ぼくが何者だって、どうしてわかるんだろう？　今までぼくを見たことも
なかったのに」

　小さな王子さまは、王さまというものにとって、世界は非常に単純明快な
ところだと知らなかったのだ。なにしろ人間はみんな自分の臣民なのだから。

　「もっとよく見えるように近寄ってまいれ」王さまは言った。ついに臣民
ができたので、とても誇らしかったのだ。

　小さな王子さまはすわる場所を探した。でも星中が王さまのローブで一杯
だったので、立ったままでいた。疲れていたので、あくびが出た。

The king told him:

"Yawning in front of a king is not allowed. I order you to stop yawning."

"I could not help yawning," answered the little prince, feeling bad. "I have traveled a long way, and I have not slept..."

"Then," said the king, "I demand that you yawn. I have not seen anyone yawn for years. Yawns interest me. Go on! Yawn again. That is an order."

"Now I feel embarrassed...I can't yawn anymore," the little prince said, turning red.

"Hum! Hum!" said the king. "Well then, I...I order you to yawn sometimes and sometimes..."

■ allow 許す ■ turn red 顔を赤くする

　王さまは言った。

　「王さまの前であくびをするのは許されておらん。あくびをやめるように命令するぞ」

　「つい、出てしまったんです」小さな王子さまは、申し訳なく思いながら答えた。「長い旅をして来て、寝ていないんです……」

　「それならば」王さまは言った。「あくびをするよう命ずるぞ。あくびをするところを何年も見ていないからな。あくびは面白い。そら！　もう一度、あくびをせい。これは命令だぞ」

　「それでは決まりがわるくて……。もうあくびはできません」赤くなりながら、小さな王子さまは言った。

　「ふむ！ふむ！」王さまは言った。「では……、では時々あくびをするように命令するぞ。そしてまた時々は……」

He stopped speaking. He seemed cross.

Above all, the king wanted to be sure that his power was complete. He ruled completely and without question. But, because he was very sensible, his orders were always reasonable.

"If I ordered my general to change himself into a bird, and if my general did not obey, it would not be his fault. That would be my fault."

"May I sit down?" the little prince asked.

"I order you to sit down," the king replied. He carefully moved his purple robe.

But the little prince was surprised. The planet was very small. What did the king rule over?

"Sire," he said, "please excuse me for asking you this..."

"I order you to ask me," the king quickly said.

"Sire... what exactly do you rule over?"

"Everything," answered the king.

"Over everything?"

With a wave of his hand, the king pointed to his planet, the other planets, and all the stars.

"Over all that?" said the little prince.

"Over all that..." replied the king.

■ above all とりわけ ■ complete 完全な ■ rule 支配する ■ sensible 分別のある
■ reasonable 筋が通った ■ general 将軍 ■ obey (命令などに)従う ■ rule
over 支配する ■ sire 陛下《呼びかけ》

王さまはしゃべるのをやめてしまった。不機嫌そうだった。

王さまの一番の望みは、完全な権力を持っているといつも実感できることだった。王さまの支配は完全で、疑問の余地がないものだった。でも、王さまはとても賢明だったので、出す命令はいつも筋の通ったものだった。

「もしわしが将軍に鳥に姿を変えよと命令したとして、将軍が従わなかったら、それは将軍がわるいのではない。わしがわるいのだ」

「すわってもいいでしょうか」小さな王子さまはたずねた。

「すわるよう、命令するぞ」王さまは答え、気をつけながら紫のローブをずらした。

でも小さな王子さまはびっくりした。この星は本当に小さかったのだ。王さまは何を治めているのだろう。

「陛下」小さな王子さまは言った。「こんなことをおたずねするのをお許しください……」

「たずねるよう、命令するぞ」王さまは急いで言った。

「陛下……、陛下はいったい何を治めていらっしゃるのですか」

「すべてだ」王さまは答えた。

「すべて？」

王さまは手を振って、自分の惑星、他の惑星、それからすべての星々を指した。

「これをぜんぶ？」

「これをぜんぶだ……」王さまは答えた。

Because the king not only ruled completely—he also ruled over everything.

"And the stars follow your orders?"

"Of course," the king told him. "They obey me completely. I would not allow them to disobey me."

Such great power shocked the little prince. If he had such power himself, he could have watched, not just forty-four, but seventy-two, or even one hundred, or even two hundred sunsets in a single day, without ever having to move his chair! And he felt rather sad thinking of his own little planet which he had left behind. He decided to ask the king for something:

"I would like to see a sunset... Would you give me that pleasure? Please make the sun set..."

"If I ordered a general to fly from flower to flower like a butterfly, and the general did not follow my orders, who would be wrong—he or I?"

"You would be wrong," the little prince answered firmly.

"Exactly. As king, I must order each subject to do things he can do," said the king. "My power comes from my reason. If I ordered my subjects to throw themselves into the sea, they would rise against my rule. I have the right to rule as king because my orders make sense."

■ left behind あとにした（場所）　■ wrong 間違った　■ firmly 断固として　■ rise against 〜に手向かう　■ make sense 意味をなす

王さまの支配というのは、完全なだけでなく、すべてのものに及ぶのだったから。

「星たちも王さまの命令に従うのですか」

「もちろんだ」王さまは言った。「星たちはわしの言うことを完ぺきに聞くぞ。従わないなどと、許さん」

あまりにも強大な権力に、小さな王子さまはショックを受けた。もしそんな権力が自分にあったら、日の入りを、1日に44回だけでなく、72回、100回、いや200回でも、椅子も動かさずに見ることができただろう。小さな王子さまは、あとに残してきた自分の小さな星のことを考えてなんだか悲しくなった。そして王さまにお願いをすることにした。

「日の入りが見たいのです……。かなえてくださいますか? 日の入りを起こしてください……」

「もしわしが将軍に、蝶のように花から花へと飛び回るよう命令したとして、将軍が従わなかったら、それはだれがわるいのじゃ——将軍か、わしか?」

「王さまがわるいことになります」小さな王子さまはきっぱりと答えた。

「そのとおりじゃ。王さまとして、わしは臣民一人ひとりができることを命令せねばならん」王さまは言った。「わしの権力はわしの理性の賜物じゃ。わしが臣民に海に飛び込むよう命令したら、やつらは反乱を起こすであろう。わしは筋の通った命令をするから、王さまとして治める権利があるのだぞ」

"What about my sunset?" asked the little prince again. He never forgot a question he had asked.

"You shall have your sunset. I order it. But I shall wait until the time is right."

"When will the time be right?" asked the little prince.

"Ahem! Ahem!" the king replied. He looked at a large calendar. "Ahem! Ahem! That will be around...around...that will be this evening around seven-forty! And you will see how well my orders are followed."

The little prince yawned. He wished that he could have his sunset. And he was feeling bored.

"There is nothing else for me to do here," he said to the king. "I will be on my way!"

"Do not leave," replied the king. He was so proud to have a subject. "Do not leave—I will make you my minister!"

"Minister of what?"

"Of...of justice!"

"But there is nobody here to judge!"

"You never know," said the king. "I have not seen all of my kingdom yet. I am very old. I have no way to travel, and walking makes me tired."

"Oh! But I've already seen it," said the little prince. He looked at the other side of the planet. "There is no one living there, either."

■ shall 〜することになるだろう ■ He wished that he could 彼は〜できたらなと願った ■ feel bored 退屈に感じる ■ I will be on my way! もう行きます。
■ minister 大臣 ■ justice 司法 ■ have no way to 〜することはできない

「日の入りはどうなるのでしょうか？」小さな王子さまはたずねた。一度聞いた質問は絶対に忘れないのだ。

「日の入りは見せてやろう。わしが命令する。しかし、ちょうどよい時間まで待つとしよう」

「ちょうどよい時間とはいつですか」小さな王子さまは聞いた。

「えへん！えへん！」王さまは答えた。大きなカレンダーを見て、「えへん！えへん！それはだいたい……だいたい……、それはだな、今晩の７時40分ごろであろう！　わしの命令がどれだけきちんと実行されているか、見るがよいぞ」

小さな王子さまはあくびをした。日の入りが見たかった。それに、退屈だった。

「ここでは、他にすることもありません」小さな王子さまは王さまに言った。「もう行くことにします！」

「行ってはならん」王さまは答えた。臣民がいるのが得意でならなかったのだ。「行ってはならん──お前を大臣にしよう！」

「何の大臣ですか？」

「その……、司法大臣じゃ！」

「でもここには、裁く相手がいないじゃありませんか！」

「それはわからんぞ」王さまは言った。「わしも王国すべてをまだ見ておらん。わしは高齢で、旅行の手段がないし、歩くと疲れるのでな」

「ああ！　でもぼくはもう見ました」小さな王子さまは言った。惑星の裏側をのぞいてみた。「あちら側にも、だれも住んでいませんよ」

"Then you will judge yourself," said the king. "That is the most difficult job of all. Judging yourself is much harder than judging another person. If you can judge yourself, you will be a very wise man."

"I can judge myself anywhere," said the little prince. "I do not need to live here to do that."

"Ahem! Ahem!" said the king. "I believe that an old rat lives somewhere on my planet. I can hear him at night. You will judge this old rat. You will order his death from time to time. But you will allow him to live each time. We must not be wasteful. He is the only one."

"I don't like the idea of ordering something to death," the little prince said. "I think that I should go."

"No," said the king.

The little prince did not want to anger the old king:

"Your Majesty might give me a reasonable order. For example, you could order me to leave in less than one minute. I think that the time is right…"

The king did not answer. The little prince waited for a moment. Then, with a sigh, he left the king's planet.

"I make you my ambassador," the king quickly shouted.

He spoke with an air of great power.

"Grown-ups are rather strange," the little prince said to himself as he left.

■ wise 聡明な ■ from time to time 時々 ■ wasteful 無駄な ■ Your Majesty 陛下《呼びかけ》 ■ sigh ため息 ■ ambassador 大使

「それでは、自分を裁くのじゃ」王さまは言った。「これが一番難しい。自分を裁くのは他人を裁くよりずっと難しいのじゃぞ。自分を裁くことができれば、それは非常に賢いやつじゃ」

「自分を裁くのは、どこにいてもできます」小さな王子さまは言った。「ここに住んでいなくてもできることです」

「えへん！えへん！」王さまが言った。「わしの惑星のどこかに、年寄りのネズミが住んでおるはずじゃ。夜になったら聞こえるからな。この年寄りネズミを裁判にかけるのじゃ。時々、死刑を宣告するがよい。だがその度に、生かしておくのじゃぞ。無駄をしてはいかん。やつ１匹しかいないのじゃからな」

「だれかを死刑にするなんて、嫌です」小さな王子さまは言った。「ぼく、もう行かなきゃ」

「だめじゃ」王さまは言った。

小さな王子さまは、年老いた王さまを怒らせたくなかった。

「陛下、一つ、筋の通った命令をくださるのはいかがでしょう。たとえば、１分以内にここを去るという命令を。ちょうどよい時間だと思いますが……」

王さまは答えなかった。小さな王子さまはもう少し待ってみて、ため息をつきながら、王さまの惑星を去った。

「お前を大使に任命するぞ」王さまは急いで叫んだ。

権力者のような口ぶりだった。

「おとなって、かなり変わってるんだなあ」去りながら、小さな王子さまは思った。

Chapter XI

On the second planet there lived a very vain man.

"Aha! Here comes an admirer!" he cried, as soon as he saw the little prince.

For vain people see everyone else as their admirers.

"Good morning," said the little prince. "You are wearing a strange hat."

"This hat is made for tipping," the vain man told him. "I tip my hat when people admire me. Unhappily, no one ever comes here."

"Really?" said the little prince. He did not understand.

"Clap your hands together," the vain man said.

The little prince clapped his hands. The vain man raised his hat and tipped it.

"This is more fun than my visit to the king," the little prince said to himself. And he clapped his hands some more. The vain man raised his hat and tipped it again.

After five minutes of clapping, the little prince was bored.

"Why do you tip your hat?" he asked.

■ admirer 崇拝者 ■ be made for ～するために作られている ■ tip one's hat 帽子を軽く持ち上げて挨拶する ■ admire 称賛する ■ clap（手を）たたく ■ raise 上げる

第11章

　2つ目の惑星には、とてもうぬぼれの強い
男が住んでいた。

　「ははあ、ファンが来たぞ！」小さな王子さ
まを見かけたとたん、彼は叫んだ。

　うぬぼれ屋には、だれもがファンに見えるのだ。

　「おはよう」小さな王子さまは言った。「変わった帽子をかぶってるね」

　「この帽子はご挨拶用なのさ」うぬぼれ屋は言った。「人が誉めそやしてく
れるときに、この帽子をちょいと持ち上げるのさ。不幸なことに、ここまで
やってくる人はいないがね」

　「ほんとう？」小さな王子さまは言った。わけがわからなかったのだ。

　「手をたたいてごらん」うぬぼれ屋は言った。

　小さな王子さまは手をたたいた。うぬぼれ屋は帽子を片手で持ち上げて、
挨拶した。

　「こっちのほうが、王さまのところより面白そうだぞ」小さな王子さまは
心の中で思った。そして、さらに拍手をした。うぬぼれ屋はまた、帽子を持
ち上げて挨拶した。

　5分ほど手をたたき続けたら、小さな王子さまは飽きてしまった。

　「どうして帽子を持ち上げて挨拶するの？」小さな王子さまはたずねた。

But the vain man did not hear him. Vain people never listen to anything except admiration.

"Do you really admire me a lot?" he asked the little prince.

"What does 'admire' mean?" the little prince said.

"To admire me means that you consider me the most beautiful, the best-dressed, the richest, and the most intelligent person on this planet."

"But you are the only person on this planet!"

"Please admire me anyway!"

"I admire you," said the little prince, who did not understand. "But why does this matter so much to you?"

And then he left the planet.

"Grown-ups are really very strange," the little prince said to himself as he continued on his way.

 # Chapter XII

On the next planet there lived a man who drank too much. The little prince's visit to this planet was very short, but it made him extremely sad.

■ intelligent 頭のよい

けれど、うぬぼれ屋には小さな王子さまの声が聞こえなかった。うぬぼれ屋というのは、称賛以外は耳に入らないのだ。

「きみは、本当におれを称賛してる？」彼は小さな王子さまにたずねた。

「『称賛する』って、どういうこと？」小さな王子さまは言った。

「称賛するっていうのは、おれのことをこの惑星で一番かっこよくて、一番素敵な服を着ていて、一番お金持ちで、一番頭がいいと思うってことさ」

「だけど、この惑星にはきみしかいないじゃないか！」

「どうでもいいから、おれを称賛しておくれよ！」

「きみを称賛するよ」わけがわからないまま小さな王子さまは言った。「だけど、それがどうしてそんなに大事なの？」

そして、小さな王子さまはその惑星を去った。

「おとなって、本当にものすごく変わってるんだな」旅を続けながら、小さな王子さまは心の中で言った。

第12章

次の惑星には、のんべえが住んでいた。小さな王子さまはこの惑星には少しの間しかいなかったが、ものすごく悲しくなった。

"What do you do here?" he asked the drunkard. The drunkard had many bottles in front of him. Some of the bottles were empty, and some of them were full.

"I drink," answered the drunkard, in an empty voice.

"Why do you drink?" the little prince asked him.

"I drink to forget," said the drunkard.

"To forget what?" asked the little prince, who already felt sad for him.

"To forget how terrible I feel," the drunkard told him, sitting even lower in his seat.

"What do you feel terrible about?" the little prince asked. He wanted to help him.

"Terrible about drinking!" answered the drunkard. He said no more.

So the little prince left. He did not understand what he had seen.

"Grown-ups are really quite, quite strange," he said to himself.

■ drunkard 酔っぱらい

「ここで何をしているの？」小さな王子さまはのんべえにたずねた。のんべえの前にはたくさんの瓶があった。空のものもあれば、いっぱいのものもある。

「飲んでるんだよ」のんべえは、うつろな声で答えた。

「どうして飲むの？」小さな王子さまはたずねた。

「忘れるためさ」のんべえは答えた。

「何を忘れるの？」もう気の毒になりながら、小さな王子さまはたずねた。

「この嫌な気持ちを忘れるためさ」椅子にますます沈みこみながら、のんべえは答えた。

「どうして嫌な気持ちになるの？」小さな王子さまはたずねた。のんべえを助けたかったのだ。

「飲むからだよ！」のんべえは答えた。そしてもう、何も言わなかった。

小さな王子さまはその星をあとにした。そこで目にしたことの意味がわからなかった。

「おとなって、本当に、とてもとても変わってるなあ」彼はつぶやいた。

覚えておきたい英語表現

You never know! (p.76, 5行目)
わからないからね!

【解説】"You never know when it might wake up." 「いつ眼を覚ますのかわからないからね」の意味で、when 以降は省略してあります。
"No one can tell that it will never erupt." 「決して噴火しないなんてだれにも言えない」も、同じ意味の表現です。だれも予想できないのだから、「きっと大丈夫だろう」というassumptions（思い込み）は危険だという意味にも解釈できます。休火山だといって甘く見ていてはいけない。いつ噴火するかわからないのだから、日ごろからまめに掃除をしておかなければいけないという、王子さまの慎重な性格が表れています。震災は忘れたころにやってくると言いますが、"You never know when it might come again..." 「いつまた訪れるのかわからない」のだから、油断しないで備えておくことが肝心ですね。

【例文】① I keep buying lotteries because you never know...
　　　　宝くじを買い続けるのは、いつあたるかわからないからね。

② You never know what he's up to this time.
　　あいつが今度は何をしでかそうとしているのか予想できない。

If I want to meet butterflies, I must put up with a few caterpillars. (p.78, 14行目)
蝶々に会いたければ、毛虫の一つや二つ、我慢しなければ。

【解説】If I want to ～（もし～したければ）, I must put up with ～（～を我慢しなくてはならない）という意味です。

【例文】① If you want to succeed, you must put up with unforgiving people and events.
　　　　成功したければ、容赦ない人や出来事に耐えなくてはならない。

② We must put up with his long speech every morning.
　　毎朝彼の長いスピーチを我慢して聞かなくてはならない。

If I want to~, I must put up with~.

ほしいものを手に入れるために我慢や忍耐の大切さを説いています。

いつもわがままを言って王子さまを困らせていたバラの花は、王子さまと別れのときがきたとき、寂しさをふりきるように、精一杯の強がりを言います。けなげなバラの言葉に胸がしめつけられます。王子さまは初めて、バラのわがままは、彼女の王子さまへの愛と、甘えの表現だったことを悟ります。

愛情表現が不器用なバラと、それを受けとめようと苦悩する星の王子さまは、人と人との関係にもあてはまります。どんなわがままをも包みこむ大きな包容力を備えるためには、言動にまどわされることなく、相手の心の奥底に秘められた真実を見極める、深い愛が必要です。刺すような言葉を浴びせられても、愛を求めて放たれる魂の一瞬の輝きをも受けとめる深い愛が……。

Now I feel embarrassed. (p.82, 9行目)
それではきまりがわるくて。

【解説】「あくびをせよ」と命令されても、きまりがわるくてあくびも出ないですよね。王さまに命令されるまでは自然とあくびが出ていたのに、急に出なくなったので、Now（今は）をつけています。

「恥ずかしい」は、I am embarrassed. 一方、I feel embarrassed は、「気恥ずかしい」「きまりがわるい」という意味になります。

I am ashamed. は、深く恥じているときに使います。道徳的に間違ったことをして面目を失い、良心の呵責から恥じているときには、embarrassedではなく、ashamedを使う方が適切です。

【例文】①I am embarrassed to speak in front of a large audience.
　　　　大ぜいの前で話をするのは恥ずかしい。

②I feel embarrassed to hear your kind words, because I do not deserve them.
あなたのやさしい言葉を聞くのは気恥ずかしい思いがします。私にはもったいない言葉だからです。

I have the right to rule as king because my orders make sense. (p.86, 21行目)

わしは筋の通った命令をするから王さまとして治める権利があるのだぞ。

【解説】make senseは、「理にかなっている」「筋が通っている」の意味で、会話でもビジネスでも頻繁に使われる表現です。王さまには筋が通った命令を下す責任があり、その責任をまっとうしているので治める権限があるという理屈になります。国や会社のリーダーにあてはめて考えることができます。どんな尺度でmake senseかどうかを測るのかということが問題になります。王さまやお金持ちにとってmake senseでも、弱者にはdoes not make senseの命令を下されたらどうでしょうか……？この王さまはmake senseするためにずいぶんと努力をしているようですね。

【例文】①Am I making any sense (to you)?
私が言っていることは（あなたにとって）筋が通っていますか？

＊自分が筋が通っていないことを言っていないかどうかの確認をしています。複雑な説明をしたあとによく使われます。to you（あなたにとって）をつけることによって、相手にとって理解できる内容だったかどうか気遣っていることを表わします。

②You have no right to do that.
そんなことをする権利はあなたにはありません。

＊子どもをしかるときにもよく使われる表現です。「そんなことをしてはダメよ」とか、「先生にしかられるわよ」ではなく、英語ではこんな言い方をしてしつけをするのです。しかられる、笑われるからやめさせるのではなく、"That's not the right thing to do." 「それは正しいことではない」、また、"You don't have a right to do that." 「そんな権利はあなたにはない」からやってはいけないという、極めてロジカルな説明を幼い子どもに対しても行うのです。right（権利）という言葉は英語圏では頻繁に使われます。日本語では日常会話でめったに使われませんが、英語の使い方やロジックを理解しておく必要があります。そうしないと、「なんて理屈っぽいことをいちいち言うんだろう」と、フラストレーションを感じてしまうことがあります。

③You have no right to insult me.
私をバカにする（侮辱する）権利はあなたにはありません。

＊屈辱的なことを言われたら、黙り込んだり、きたない言葉を使って反論するのではなく、こう言って、胸を張って立ち去りましょう。

I shall wait until the time is right. （p.88, 3行目）
ちょうどよい時間まで待つとしよう。

【解説】until the time is rightには、「その時が来るまで」という意味があります。
その時とは、"Until the time is right for you to have your sunset." 「王子さまが日
没を見るのにちょうど良い時間」を指します。for以降は省略されています。rightか
not rightかの判断は、自然にゆだねようと解釈することもできます。timeを使った、
粋でシンプルな、ビジネスでも使える便利な表現を紹介します。ぜひ使ってみてくだ
さい。

【例文】①Give it time.
時間をかけよ。

＊決断を急がず、「考える時間を持て」、「アイデアをあたためよ・寝かせておけ」と言いたいとき
などにぴったりの表現です。"Take your time." 「あわてることはない。ゆっくりやれ」も使え
ます。

②Have the time of your life!
最高の時間を過ごせ！

＊これから旅行やパーティーに出かける人に言えば、「思いっきり楽しんできて！」という意味
になります。

③Don't you think it's time…?
そろそろその時がきたのではないの？

＊「今や決断を下すときでは？」と促すときに使う表現です。うじうじと躊躇している自分自身
の背中を押すときにも使えます。

④Only time cures…
時間だけが（心の痛みを）癒してくれる。

＊失恋したり、最愛の人を亡くして喪失感に苦しんで
いる人を慰めるときには、この表現を使ってそっと
語りかけましょう。

If you can judge yourself, you will be a very wise man.
（p.90, 3行目）

自分を裁くことができれば、それは非常に賢いやつじゃ。

【解説】英語ではjudge（裁く）という言葉が、「判断・評価する」という意味でよく使われます。Judge（裁判官）のように公正に判断を下すという意味あいが含まれます。自分のことを「公正に裁く」ことは最も困難なことだということを王さまは知っているようです。すべての指導者に見習ってほしいですね。

【例文】①You cannot judge people from their appearance.
　　　　人は外見からは判断できない。

　　　②You must make your best judgment.
　　　　最善の判断を下さなくてはならない。

　　　③Judging from your report, we seem to be making some progress.
　　　　きみの報告書によると、少しは進展してるようだね。

But why does this matter so much to you? （p.94, 10行目）
だけど、それがどうしてそんなに大事なの？

【解説】matterを動詞として使用する場合には、「重要だ」「大切だ」という意味になります。英語では頻繁に使われていますので、ぜひ使いこなしてください。「～は本当に大切だ」と、簡潔かつ効果的に言いたいときに使いましょう。

【例文】①You matter to me.
　　　　あなたは私にとって本当に大切な人だ。

　　　＊matterを強調して発音し、声に万感を込めて、相手の瞳に語りかけましょう。

　　　②Family matters.
　　　　家族はかけがえがないもの。

　　　＊このように、わずか2語でパワフルなメッセージを伝達することができます。肝心なことは、一語、一語に万感を込めて、ゆっくりと、2語の間にpause（間）を空けて発音することです。"Family matters to me the most."「私には家族が一番大切」という言い方もあります。

　　　③This project matters so much because our future depends on it.
　　　　このプロジェクトは弊社の未来を左右するほど重要だ。

Part 4

Chapter 13-16

Chapter XIII

On the fourth planet there lived a businessman. This man was so busy that he did not even see the little prince arrive.

"Hello," the little prince said. "Your cigarette has gone out."

"Three plus two make five. Five plus seven make twelve. Twelve plus three make fifteen. Hello. Fifteen plus seven make twenty-two. Twenty-two plus six make twenty-eight. I don't have time to light it again. Twenty-six plus five make thirty-one. Whew! Then that makes five hundred and one million, six hundred and twenty-two thousand, seven hundred and thirty-one."

"Five hundred million of what?" asked the little prince.

"What? Are you still there? Five hundred and one million of...I don't remember...I have so much to do! I am an important man—I don't have time for silly games! Two plus five make seven..."

"Five hundred and one million of what?" asked the little prince again. He never stopped asking a question once he had started asking it.

The businessman looked up. He said:

■ cigarette（紙巻き）たばこ ■ go out（火・明かりが）消える ■ silly おろかな

第13章

　4つ目の惑星には、実業家が住んでいた。この男はあまりにも忙しかったので、小さな王子さまが着いたのも目に入らなかった。

　「こんにちは」小さな王子さまは言った。「タバコの火が消えてますよ」

　「3足す2は5。5足す7は12。12足す3は15。こんにちは。15足す7は22。22足す6は28。火をつけ直す時間がないんだ。26足す5は31。ふう！これで5億162万2731だ」

　「5億って何が？」小さな王子さまはたずねた。

　「なんだって？　まだいたのか？　5億100万の……思い出せん……しなけりゃならないことが一杯あるんだ！　おれは重要人物なんだぞ——ばかなお遊びに付き合っている暇はないんだ！　2足す5は7……」

　「5億100万の、何があるの？」小さな王子さまはたずねた。一度たずね出したら、絶対にやめないのだ。

　実業家は顔を上げた。そして言った。

"In the fifty-four years I have lived on this planet, I have been forced to stop only three times. The first time was twenty-two years ago when a bug dropped from who knows where. It made the most awful noise, and I made four mistakes in my math. The second time was eleven years ago when I became ill. I do not get enough exercise. I have no time to waste. I am an important man. The third time...is right now! As I was saying, five hundred and one million..."

"Millions of what?"

The businessman realized that the little prince would not stop his questions. He answered:

"Millions of those little objects you sometimes see in the sky."

"Flies?"

"No, no. The little objects that shine."

"Bees?"

"No. The little golden objects that make lazy people dream. But I am an important man! I don't have time for sitting around and dreaming."

"Oh! You mean stars?" said the little prince.

"Yes, that's right. Stars."

"And what do you do with five hundred million stars?"

"Five hundred and one million, six hundred and twenty-two thousand, seven hundred and thirty-one stars. I am an important man. I add them carefully."

"And what do you do with these stars?"

■ be forced to ～せざるを得ない ■ bug 小虫 ■ right now たった今 ■ object 物
■ fly ハエ ■ bee ミツバチ

「この惑星に54年住んでるが、無理やりストップさせられたのは三度だけだ。一度は22年前で、どこからか知らないが虫が落ちてきたときだ。とんでもないひどい音がして、計算を4つ間違えたよ。二度目は11年前で、おれが病気になったんだ。運動が足りないんでな。

無駄にする時間はないんだ。おれは重要人物なんだぞ。三度目は……今だ！さっきの続きは、5億100万……」

「何100万もの、何があるの？」

実業家は、小さな王子さまが質問をやめそうにないのに気が付いた。

「時々空に見える何百万のモノさ」

「ハエのこと？」

「違う、違う。光る小さなものだ」

「ミツバチかなあ？」

「違う。小さくて金色で、怠け者が夢を見る

あれさ。だがおれは重要人物なんだぞ。だらだらと夢を見ている暇はないんだ！」

「ああ、星のこと？」小さな王子さまは言った。

「そう、それだ。星だ」

「5億もの星をどうするの？」

「5億162万2731の星だ。おれは重要人物なんだぞ。慎重に星の足し算をするんだ」

「それで、その星をどうするの？」

"What do I do with them?"

"Yes."

"Nothing. I own them."

"You own the stars?"

"Yes."

"But I have already met a king who..."

"Kings do not own things. They rule over things. It's very different," the businessman told him.

"Why does it matter that you own the stars?"

"It makes me rich."

"Why does it matter that you are rich?"

"Being rich lets me buy other stars, if anyone finds some."

"This man thinks in the same way as the drunkard," the little prince said to himself. However, he asked a few more questions:

"How can you own the stars?"

"Who else owns them?" the businessman answered angrily.

"I don't know. Nobody owns them."

"Well then, they are mine, because I was the first person to think of owning them."

"Is that enough?"

"Of course it is. When you find a diamond that no one owns, it is yours. When you find an island that no one owns, it is yours. When you are the first person to have an idea, you own it. And I, I own the stars because nobody else ever thought of owning them."

■ own 所有する　■ think of ～を考えつく

「どうするかって？」

「そう」

「どうもしやせんよ。おれの所有物なんだ」

「星を持ってるの？」

「そうだ」

「でもぼくの会った王さまがもう……」

「王さまは何も所有してないさ。治めるだけだ。大変な違いだぞ」実業家は言った。

「星を所有することがどうしてそんなに大事なの？」

「金持ちになれるからさ」

「金持ちになるのがどうしてそんなに大事なの？」

「金持ちなら、他の星が見つかったとき、もっと買えるからな」

「この男はのんべえと同じ考え方をしているな」小さな王子さまは思った。それでも、もういくつか質問をしてみた。

「星を所有するなんて、どうやってできるの？」

「ほかにだれが所有してるっていうんだ？」実業家は怒って答えた。

「わからないよ。だれでもないよ」

「だったら、おれのものだ。最初に星の所有を考えたのはおれなんだから、おれのものだ」

「それだけでいいの？」

「もちろんいいんだとも。だれのものでもないダイヤモンドを見つけたら、そいつは見つけたやつのものだ。だれのものでもない島を見つけたら、それは見つけたやつのものになるんだ。何かアイデアを最初に思いついたら、そのアイデアは自分のものになる。星を持つってことをだれも考えつかなかったから、星はおれのものなのさ」

"That makes sense," said the little prince. "And what do you do with them?"

"I count them and recount them," said the businessman. "It is difficult work. But I am an important man!"

But the little prince was not finished asking questions.

"If I own a scarf, I can put it around my neck and take it with me. If I own a flower, I can pick it and take it with me. But you cannot take the stars with you!"

"No, but I can put them in the bank," said the businessman.

"What does that mean?"

"That means I write down the number of stars I own on a piece of paper. And then I put the paper away and lock it up in a safe place."

"That's all?"

"That's enough!"

"How funny," thought the little prince. "It's an interesting idea, but it does not make much sense." The little prince thought very differently about important matters. He said to the businessman:

"I own a flower which I water every day. I own three volcanoes which I clean once a week. I am useful to my flower and to my volcanoes. But you are not useful to the stars."

The businessman opened his mouth but could not think of anything to say. So the little prince left the planet.

"Grown-ups are really very unusual," he said to himself as he went on his way.

■ recount 数え直す ■ put away 片付ける ■ lock up 保管する ■ water 水をやる

「それは理屈が通ってるなあ」小さな王子さまは言った。「それで、星をどうするの?」

「数えて、また数えるのさ」実業家は言った。「大変な仕事さ。でもおれは重要人物だからな!」

でも小さな王子さまは、まだ質問がすんでいなかった。

「襟巻きがぼくのものなら、首に巻きつけて持っていけるよ。花なら、つんで持っていける。でも星は持っていけないじゃないか!」

「無理さ、だが銀行に入れることができる」実業家は言った。

「それはどういうこと?」

「つまり、おれが持つ星の数を紙に書くんだ。それを安全なところにしまって、鍵をかけておくのさ」

「それだけ?」

「それで十分だ!」

「おかしいなあ」小さな王子さまは思った。「面白い考えだけど、意味が通らないよ」大切なことについては、小さな王子さまはもっと別の考え方をしていたのだ。小さな王子さまは実業家に言った。

「ぼくは花を持ってるけど、花には毎日水をやるよ。火山は三つあるけど、週に一度はきれいにする。ぼくは、花や火山にとって役に立ってるんだ。でもきみは星の役に立っていないじゃないか」

実業家は口を開いたが、何も思いつかなかった。それで、小さな王子さまは去った。

「おとなは本当にとても変わっているんだな」旅を続けながら、小さな王子さまは思った。

Chapter XIV

The fifth planet was very strange. It was the smallest of all. There was just enough space for a streetlamp and a lamplighter. The little prince could not understand why there was a streetlamp and a lamplighter on a planet without houses or other people. However he said to himself:

"Maybe the presence of this lamplighter is silly. However, he is less silly than the king, the vain man, the businessman, and the drunkard. At least the lamplighter's job means something. When he lights the streetlamp, it is like creating one more star, or a flower. When he puts out the lamp, it is like putting a star or a flower to sleep. It is a rather beautiful job. And it is useful because it is beautiful."

Once the little prince arrived on the planet, he greeted the lamplighter:

"Hello. Why did you put out your streetlamp?"

"Those are my orders," answered the lamplighter. "Good morning."

"What are the orders?"

"To put out the lamp. Good evening." And he lit the street light again.

■ streetlamp 街灯 ■ lamplighter （街灯の）点灯夫 ■ put out （火・明かりを）消す
■ put ~ to sleep ~を眠らせる ■ greet 挨拶する

第14章

　5つ目の惑星は、とても変わっていた。今までの中で一番小さい惑星だった。街灯と点灯夫がおさまるだけのスペースしかなかったのだ。小さな王子さまは、家も他の人もいない惑星に、なぜ街灯があり、点灯夫がいるのかわからなかった。でも心の中で思った。

　「点灯夫がいるのはばかげたことかもしれない。でもこの点灯夫は、王さまや、うぬぼれ屋や、実業家やのんべえよりはまだましだ。少なくとも、この人の仕事には意味があるもの。彼が火を灯したら、星か花をもう一つ、つくり出すことになるんだろう。火を消すときには、星か花を眠りにつかせるようなものなんだ。なんだかきれいな仕事だなあ。そして、きれいだから、役にも立っているんだ」

　惑星に着いてから、小さな王子さまは点灯夫に挨拶した。

　「こんにちは。どうして街灯を消したの？」
　「命令を受けているからさ」点灯夫は答えた。「おはよう」
　「命令って、どんな？」
　「街灯を消すことさ。こんばんは」そして点灯夫は、また街灯に火を点けた。

"But why did you just light the lamp again?" asked the little prince.

"Those are my orders," the lamplighter told him.

"I don't understand," said the little prince.

"There is nothing to understand," answered the lamplighter. "Orders are orders. Good morning." And he put out the lamp.

Then he wiped his face with a handkerchief.

"I have a terrible job. It used to make sense. I would put out the lamp in the mornings and then light it at night. I had the rest of the day to relax and the rest of the night to sleep . . ."

"And since then your orders have changed?"

"My orders have not changed," said the lamplighter. "That is the problem! Each year this planet turns more and more quickly, and my orders have not changed!"

"So what has happened?" asked the little prince.

"Now the planet turns once every minute, and I have no time to rest. I light and put out the lamp once every minute!"

"How funny! The day here on your planet lasts for just one minute!"

■ wipe ～をふく ■ used to 以前～だった ■ rest of 残りの ■ once every minute 1分に1回

「でも、どうしてまた点けたの？」小さな王子さまはたずねた。

「命令を受けているからさ」点灯夫は答えた。

「わからないよ」小さな王子さまは言った。

「わからなきゃならないことなんて、何もないさ」点灯夫は答えた。「命令は命令だよ。おはよう」そして街灯を消した。

それからハンカチで顔をぬぐった。

「この仕事はひどいよ。昔はちゃんとしてたんだ。朝、街灯を消して、夜点ける。それ以外の昼の時間は休んで、それ以外の夜の時間は眠れたんだが……」

「それから命令が変わったの？」

「命令は変わっていないよ」点灯夫は言った。「それが問題なんだ！　この惑星は、毎年どんどん早く回転しているのに、命令は変わらないんだ！」

「どうなったの？」
小さな王子さまがたずねた。

「今じゃ1分に1度回転するから、休むひまがないんだ。毎分、街灯を点けたり消したりしているんだよ！」

「なんておかしいんだろう！　きみの惑星の1日はたった1分なんだね！」

"It's not funny at all," said the lamplighter. "We have already been talking for a whole month."

"A month?"

"Yes. Thirty minutes! Thirty days! Good evening." And he lit the streetlamp again.

The little prince admired this lamplighter who was so true to his orders. He remembered the sunsets on his own planet, and how he tried to watch them by moving his chair. He wanted to help the lamplighter. He said:

"I know how you can rest when you need to..."

"I always need a rest," said the lamplighter.

It is possible to follow orders and still be lazy at the same time.

The little prince continued:

"Your planet is so small that you can walk around it in three steps. Even if you walk slowly, it will always be day. So when you want to rest, you can walk... and the day will last as long as you like."

"That will not help me much," said the lamplighter. "What I really want to do is sleep."

"That is unlucky," said the little prince.

"It is unlucky," agreed the lamplighter. "Good morning." And he put out the lamp.

As he continued his travels, the little prince said to himself:

"That lamplighter would be looked down on by everyone else I have met—the king, the vain man, the drunkard, and the

■ be looked down on 見下される

116

「ちっともおかしかないね」点灯夫は言った。「おれたち、もう丸ひと月も
しゃべってるんだぜ」

「ひと月も？」

「そうさ、30分！ 30日！ こんばんは」そして街灯をまた点けた。

　小さな王子さまは、命令にこんなに忠実な点灯夫をすごいと思った。自分
の惑星の入り日を思い出し、椅子を動かして何度も見ようとしたのを思い出
した。小さな王子さまは、点灯夫を助けたくなって言った。

「休みが必要なときに取れる方法を知ってるよ……」

「休みなら、いつも必要だね」点灯夫は言った。

　命令に従いながら、同時にゆっくりすることも可能なのだ。

　小さな王子さまは続けた。

「きみの惑星は小さいから、3歩で一周できる。ゆっくり歩いても、いつ
も昼間だよ。だから、休みたいときには歩けば……、好きなだけ昼間が続く
よ」

「それはあんまり役に立たないよ」点灯夫は言った。「本当にしたいのは、
寝ることなんだから」

「それはついてないね」小さな王子さまは言った。

「ついてないな」点灯夫は同意した。「おはよう」そして街灯を消した。

　旅を続けながら、小さな王子さまは思った。

「あの点灯夫は、ぼくの出会った全員に見下されるだろう──王さまにも、
うぬぼれ屋にも、のんべえにも、実業家にも……。でもぼくには、ばかげて

businessman. However, he is the only one who does not seem silly to me. Maybe that is because he is the only one who is thinking of something other than himself."

The little prince sighed and said to himself:

"He is the only one who could have been my friend. But his planet is really too small. There is not space for two..."

The little prince also wished that he could stay on the little planet because it had one thousand four hundred and forty sunsets every twenty-four hours!

 # Chapter XV

The sixth planet was ten times bigger than the last one. On this planet there lived an old man who wrote very large books.

"Well! Here is an explorer," cried the old man when he saw the little prince.

The little prince sat down at the man's table. He was tired. He had already traveled so far!

"Where do you come from?" the old man asked.

"What is this large book? What are you doing here?" asked the little prince.

■ sigh ため息をつく　■ explorer 探検家

見えないのはあの人だけだ。たぶん、自分以外のことを考えてるのはあの人
だけだからだろう」

　小さな王子さまはため息をついて、独り言を言った。
　「友達になれそうなのはあの人だけだったのに。でも、あの星は小さすぎ
る。二人には狭すぎるんだ……」
　小さな王子さまがその小惑星にもっといたかった理由はもう一つ、入り日
が24時間に1440回もあるからだった！

第15章

　6つ目の惑星は、5つ目の惑星より10倍も大きくて、非常に大きな本を
書くおじいさんが住んでいた。
　「ほう！　探検家じゃな」小さな王子さまを見て、おじいさんは叫んだ。

　小さな王子さまはおじいさんの机の上にすわった。疲れていたのだ。とて
も遠くまで旅してきたのだから！
　「どこから来たのじゃな？」おじいさんはたずねた。
　「この大きい本はなんですか？　ここで何をしているんですか？」小さな
王子さまがたずねた。

"I am a geographer," said the old man.

"What is a geographer?"

"A geographer is a person who knows where all the oceans, rivers, cities, mountains, and deserts are found."

"That is very interesting," said the little prince. "At last, this is a real job!" And he looked around at the geographer's planet. He had never seen such a large and beautiful planet.

"Your planet is very beautiful. Are there many oceans?"

"I do not know," answered the geographer.

"Oh." (The little prince was disappointed.) "Are there mountains?"

"I do not know," said the geographer.

"And cities and rivers and deserts?"

"I do not know that, either," said the geographer.

"But you are a geographer!"

"That is correct," said the geographer. "But I am not an explorer. There are no explorers here. It is not a geographer's job to look for cities or rivers or mountains or oceans or deserts. A geographer is

■ geographer 地理学者　■ correct 正しい

「わしは地理学者じゃ」おじいさんは言った。

「地理学者ってなんですか？」

「海、川、町、山、砂漠のある場所をぜんぶ知っている人のことじゃよ」

「それはとても面白いですね」小さな王子さまは言った。「これこそ、本物の仕事だ！」そして、地理学者の惑星を見回した。こんなに大きくて、美しい惑星は見たことがなかった。

「とても美しい惑星ですね。海はたくさんあるんですか？」

「知らんよ」地理学者は答えた。

「えっ」（小さな王子さまはがっかりした）「山はあるんですか？」

「知らんね」地理学者は答えた。

「町や川や砂漠は？」

「それも、知らん」地理学者は答えた。

「でもあなたは地理学者でしょう！」

「その通り」地理学者は言った。「だが、わしは探検家ではない。この星には探検家はおらんのじゃ。町や川や山や海や砂漠を探すのは地理学者の仕事じゃない。そんなことをするには偉すぎるのでな。地理学者は絶対に机を離

too important to do that. A geographer never leaves his desk. But I talk to explorers, and I write down what they have seen. And if I am interested in what an explorer says, then I must find out whether the explorer is good or not."

"Why?"

"Because an explorer who told lies would create terrible problems for geography books. So would an explorer who drank too much."

"Why?" asked the little prince.

"Because drunkards see double. And then I would put two mountains where there should only be one."

"I know someone who would be a bad explorer," said the little prince.

"That is possible. And so, once I know that an explorer is good, I must study his discovery."

"Do you go and see it?"

"No. That would be difficult. But the explorer must prove to me that his discovery is real. If the explorer has discovered a large mountain, then I demand that he show me some large rocks."

The geographer suddenly became excited. He cried:

"But you come from far away! You are an explorer! You must tell me about your planet!"

The geographer opened his book and took out his pencil. He always wrote in pencil first. He waited until the explorer had proved his discovery before he wrote with a pen.

■ see double 物が二重に見える ■ take out 取り出す

れん。だが探検家と話して、彼らの見てきたことを書き留める。そいつの話が面白ければ、その探検家がちゃんとした人間かどうかを調べるのじゃ」

「なぜですか？」
「探検家がうそつきだと、地理学の本にとんでもない問題が起こるからじゃ。飲みすぎる探検家も同じじゃ」
「どうしてですか？」小さな王子さまはたずねた。
「のんべえには物事が二重に見えるからじゃ。そうすると、山が一つしかないところに、二つ書き込んでしまうことになる」
「わるい探検家になりそうな人を知ってますよ」小さな王子さまは言った。

「ありうる話だ。探検家がちゃんとした奴だとわかったら、そいつの発見したことを研究するのじゃ」
「その発見を見に行くんですか？」
「いいや。それは難しい。だが探検家は、自分の発見が本物だということをわしに証明しなければならん。大きな山を見つけたのなら、大きな岩石を持って来させるのじゃ」
地理学者は急に、興奮して叫んだ。
「きみは遠くから来たんじゃないか！　きみは探検家だ！　きみの惑星について話してくれ！」
地理学者は本を開き、鉛筆を取り出した。最初は、かならず鉛筆を使うのだ。探検家が自分の発見を証明するまで待って、それからペンで書くのだ。

"Well?" said the geographer.

"Oh, my home is not very interesting," said the little prince. "It is very small. I have three volcanoes. Two are active, and one is asleep. But you never know."

"You never know," said the geographer.

"I also have a flower."

"I do not write about flowers," said the geographer.

"Why not? They are so beautiful!"

"Because flowers are ephemeral."

"What do you mean by 'ephemeral'?"

"Geography books are the most important of all books," said the geographer. "They never go out of date. It is very unusual for a mountain to move around. It is very unusual for an ocean to become dry. Geographers only write about things that never change."

"But a sleeping volcano can wake up again," said the little prince. "What do you mean by 'ephemeral'?"

"Whether a volcano is asleep or active does not matter to geographers. What matters for us is the mountain. It does not change."

"But what does 'ephemeral' mean?" demanded the little prince. He never stopped asking a question once he had started asking it.

"It means 'something that will not last.'"

"My flower will not last?"

"That's right."

■ ephemeral はかない, 短命の　■ go out of date 古くさくなる

「さて？」地理学者は言った。

「ああ、ぼくの住んでいる星はあまり面白くありませんよ」小さな王子さまは言った。「とても小さいんです。火山が三つあります。二つは活火山で、もう一つは眠っています。でもわかりませんけどね」

「わからんぞ」地理学者は言った。

「花もあります」

「わしは花については書かん」地理学者は言った。

「どうしてですか？　あんなにきれいなのに！」

「花は、はかないからじゃ」

「『はかない』って、どういうことですか？」

「地理学の本は、全ての本の中で一番重要な本じゃ」地理学者は言った。「古くなるということがない。山が動いたりするのは非常にまれじゃからな。海が乾くのも非常にまれじゃ。地理学者は絶対に変わらないもののことしか書かないのじゃよ」

「でも休火山が目を覚ますこともありますよ」小さな王子さまは言った。「『はかない』ってどうことですか？」

「火山が休んでいようが活動していようが、地理学者には関係ない。我々にとって大事なのは山なのじゃ。山は不変じゃ」

「でも、『はかない』って何ですか？」小さな王子さまはせがんだ。一度たずね始めた質問は、絶対にやめないのだ。

「『長続きしないもの』のことじゃ」

「ぼくの花は長続きしないの？」

「そのとおり」

"My flower is ephemeral," the little prince said to himself. "She only has four thorns to protect herself against the world! And I left her all alone."

Suddenly he wished that he had not left. But he tried to be brave:

"What planet should I visit?" he asked the geographer.

"The planet Earth," the geographer answered. "It is thought to be a fine planet."

And the little prince left, thinking of his flower.

 # Chapter XVI

And so the seventh planet that the little prince visited was the Earth.

The planet Earth is a rather interesting planet! There are one hundred eleven kings, seven thousand geographers, nine hundred thousand businessmen, seven and a half million drunkards, and three hundred eleven million vain people. In all, there are about two billion grown-ups.

■ leave someone all alone たったひとりで置き去りにする ■ He wished that he had 彼は〜だったらよかったのにと願った

「ぼくの花は、はかないのか」小さな王子さまは心の中で思った。「ぼくの花は世界中の危険から自分を守るのに、4つのトゲしか持っていないんだ！それなのにぼくは、花をひとりぼっちにした」

突然、小さな王子さまは星を出なければよかったと後悔した。でも勇気をふるい起こした。

「どの惑星を訪ねたらいいですか？」小さな王子さまは地理学者にたずねた。

「地球じゃ」地理学者は答えた。「見事な惑星だということになっておる」

小さな王子さまは出発した。花のことを思いながら。

第16章

そんなわけで、小さな王子さまが訪ねた7つ目の惑星は地球だった。

地球はなかなか面白いところだった！　王さまが111人、地理学者が7000人、実業家が90万人、のんべえが750万人、うぬぼれ屋が3億1100万人いたのだ。ぜんたいで、おとなが20億人くらいいた。

To give you a sense of the Earth's size, I will tell you that, before the invention of electricity, there were about four hundred and sixty-two thousand, five hundred and eleven lamplighters.

Seen from high above in the sky, they made the Earth a beautiful picture. These lamplighters worked together like dancers on a great stage. To start, the lamplighters in New Zealand and Australia would light their lamps before going to bed. The lamplighters in China and Siberia lit their lamps next. Then the lamplighters of Russia and India. Then those of Africa and of Europe. Then the lamplighters of South America, and finally those of North America. And these lamplighters never lit their lamps in the wrong order. Their dance was perfect. It was beautiful to see.

The only lamplighters with simple jobs were the lamplighters at the North Pole and the South Pole: they only worked twice each year.

■ invention 発明　■ high above 高いところ　■ North Pole 北極　■ South Pole 南極

　地球の大きさをわかってもらうために、電気が発明される前には、46万2511人の点灯夫がいたということをお話ししておこう。

　空のかなたから眺めると、その灯りのおかげで、地球は美しい絵のようだった。点灯夫たちは、大舞台の踊り子たちのように連携して働いた。まず、ニュージーランドとオーストラリアの点灯夫が寝る前に街灯を灯す。次は中国とシベリア、それからロシアとインドの点灯夫。その後アフリカとヨーロッパ、南アメリカと続いて、最後に北アメリカの番だ。点灯夫が順番を間違えて火を灯すことは決してない。彼らの踊りは完ぺきで、見ていてとても美しいものだった。

　一番楽な仕事をしているのは、北極と南極の点灯夫だ。年に2回しか働かない。

覚えておきたい英語表現

When you are the first person to have an idea, you own it.
（p.108, 22行目）

何かアイデアを最初に思いついたら、自分のものになるんだよ。

【解説】総称のyouは、話し相手を含め、一般の人を表わします。one や we を使うよりも、you を使う方が、相手に語りかけている感じが出て、親しみやすい印象になります。

【例文】①When you are the first to come to office in the morning, you feel good.
朝出社するのがだれよりも早かったら、気分爽快。

②You belong to me!
きみはぼくのものだ！

③Nobody owns me!
私はだれのものでもないわ！

＊あなたに所有されてなんかいないわの意味。

When you are the first person to have an idea, you own it.

　この文章では、ownership（所有権）に対する見解が述べられています。特許同様、最初に思いついた者がその所有権を主張するという考え方です。飛行家で、常に行動する人であり続けたサン＝テグジュペリにとって、大空から見た大地に住む人間は、みな運命共同体。自然と共存して生かされていることを体感していました。しかし、多くの人間たちが、権力や金や物を所有することにとりつかれて争いが絶えない現実を憂い、社会のエリートと言われる人たちが、机上の空論を展開し、自己満足に甘んじていることに対する憤りを感じていました。一方、点灯夫のような、まじめに黙々と働く庶民の姿に深い共感を覚えていました。

It is useful because it is beautiful. (p.112, 11行目)
きれいだから、役に立っているんだ。

【解説】It is A because it is B は、because 以降に述べたBという理由で、Aを正当化しようとする構文です。

【例文】①When you serve your customers, you are being useful to them.
お客様のために尽くすことは、お客様の役に立つことです。

②Don't just sit there. Go out and be useful!
じっとすわってばかりいないで、外に出て自分を役立てなさい！

③The Little Prince is a useful guide to navigate your life.
『星の王子さま』は人生の航海で舵取りを助けてくれる。

useful（役に立つ）という言葉には、サン＝テグジュペリの美学が込められています。点灯夫は、毎晩必ず美しい灯りを灯すことによって、人のために役立っています。一方、数字を並べて難しい理屈ばかりを述べ、自らは行動に移さないエリートの場合には、富や地位を所有していても、「所有者の責任」を果たしていないと言えます。所有者の責任とは、自分が所有している対象のために尽くすことです。王子さまは花に水をやったり火山をきれいにしたりして、星の住民たちのために役に立とうとしました。人や社会をハッピーにすることに務めていなければ、王子さまが言うように、どんなエリートも useless（役立たず）だと言えます。また、美しい存在（人や物や言葉）も、人の心に輝きを灯すことによって useful になります。

> **The little prince admired this lamplighter who was so true to his orders.** （p.116, 6行目）
> 小さな王子さまは、命令にこんなに忠実な点灯夫をすごいと思いました。

【解説】so true to his ordersは、命令に実に忠実に従うという意味です。つまらない仕事だと言って文句を言ったり、そっとさぼったりせず、ひたすら仕事に精を出している姿は立派です。ただし、命令が理にかなっていないと確信したら、変化を起こす勇気も必要でしょう。

【例文】①I admire your courage to stand up against injustice.
あなたが不正義に向かって立ち上がる勇気を称賛します。

②He is so true to his cause.
彼は自分の主義（理想）に忠実だ。

＊causeは、principle（主義）と言い換えることもできます。何かの行動を起こす理由や根拠という意味でも使われます。

> **He is the only one who is thinking of something other than himself.** （p.118, 2行目）
> 自分以外のことを考えているのは彼だけだ。

【解説】～ something other than...（…以外のことを～する）は、覚えておくと便利な構文です。発音するときには "other than" を強調します。
星の王子さまにとって、これまで訪れた星で出会った王さまやうぬぼれ屋やのんべえや実業家はみんな、strangeでunusual（変わってる）おとなたちでした。また、silly（ばかげて見える）ですが、点灯夫だけは唯一まともなおとな。その理由は、彼がself-centered（自己中心的）ではないからです。

【例文】①Tell us something other than about your dog.
きみの愛犬以外のことを話してくれないかなあ。

＊相手は会うたびに愛犬の話しかしないことがわかります。

②Today, I want to talk about something other than our business.
今日はビジネス以外の話をしたいと思います。

At last, this is a real job! (p.120, 5行目)
これこそ、ホンモノの仕事だ！

【解説】この文章は、real（ホンモノ）を強調して発音します。仕事にホンモノとそうでないものがあるのでしょうか？　それは主観的な判断でしょう。星の王子さまにとって、地理学者の仕事がホンモノに思えたのは、大きくて美しい惑星に住み、広い宇宙の地理を熟知するワクワクする仕事に思えたからです。王子さまも、人を見かけで判断してしまうことがあることがわかります。実のところ、この地理学者は「偉すぎる人」なので、デスクから一歩も動かず、実務的なことや調査はすべて探検家にまかせていることがわかり、王子さまはがっかりします。

【例文】①I'll give you a real job that makes you feel good about yourself.
きみが自分のことが好きになるような、ホンモノの仕事を提供しよう。

②Be real!
ウソ偽りのない、ホンモノであれ！

③Get real!
眼を覚ませ！

＊夢ばかり見ていないで、現実を凝視せよ！
　と、いましめるときに使います。

④This is a real comfort!
これぞ、きわめつきの快適さ！

＊isにストレスを置いて発音すると、「これこそが」という意味になり、他の何よりも、今の状態が最も快適だということになります。一方、realにストレスを置いて発音すると、この快適さは「ホンモノ」だということが強調されます。アクセントやストレスをどの単語に置くのかによって、強調したい点を効果的に印象付けることができます。練習してみましょう。

You must tell me about your planet! （p.122, 20行目）
きみの惑星について話してくれ！

【解説】日本語で、「～について教えてください」とよく言いますが、英語では、teach me ~（私に～を教えて）を使わず、tell me about ~（～について話して）と言います。teach は、「指導する」といった内容の時に使います。"Please teach me math." 「数学を教えてください」のような使い方です。

【例文】① Tell me your first impression of Nancy.
　　　　ナンシーの第一印象を教えてくれないか。

　　　② He didn't tell me anything about the project.
　　　　彼はプロジェクトのことは何も語らなかった。

　　　③ Tell me what you know.
　　　　きみが知っていることを聞きたい。

It is thought to be a fine planet. （p.126, 6行目）
見事な惑星だということになっておる。

【解説】thought to be ~（～だと考えられている）は、必ずしも真実ではないかもしれないが、一般的にそう思われている／言われていることを指します。believed to be ~（～だと信じられている）の方が、より確信を持った言い方です。それでも、主観的な見解であり、proved to be（立証された）わけではありません。地球が名実ともに fine planet（見事な惑星）であるために、人類はもっと賢くならなくてはならないというメッセージをくみ取ることができます。

【例文】① He is thought to be the finest magician ever.
　　　　彼は史上最高のマジシャンだと考えられています。

　　　② This restaurant is thought to be the best in town.
　　　　このレストランは街で最高だという評判です。

質問し続けること

He never stopped asking a question once he had started asking it. (p.104)
一度たずね出したら、絶対にやめないのです。

　星の王子さまの特徴を一つ挙げるとしたら、答えが返ってくるまで質問をし続けることです。これは、多くの"grown-ups"が忘れてしまったことではないでしょうか。

　質問するということは、好奇心の表れです。幼子は、こんな質問をしたら迷惑だろうかなんて考えず、素直に疑問を投げかけます。答えを聞いてもよくわからなければ、質問し続けます。

　グローバルなビジネス現場でも、質問することを恐れず、何度でも理解できるまで質問し続ける習慣を身につけましょう。こちらから何か説明をするときには、常に、相手からの質問を想定して準備することが重要です。Why と because をロジカルに説明できるための準備と練習が肝心です。

　それではまず、私からあなたに質問します。英語の質疑応答の練習にもなるのでトライしてみてください。答えは、すべて一例です。

【質問①】 Why do you work? （なぜあなたは働くのですか？）

　　【答】 Because I need money. （お金が必要だからです）

【質問②】 Why do you need money? （なぜお金が必要ですか？）

　　【答】 Because I must support my family. （家族を支えていくためです）

【質問③】 Why do you have to support your family?
　　　　　（なぜ家族を支える必要があるのですか？）

　　【答】 Because I have a responsibility. （だって、自分には家族への責任があるから）

【質問④】 Why do you work when you have a responsibility to support your family?
　　　　　（なぜあなたは家族を支える責任のために仕事をするのですか？）

　　　　　 Is that the only reason you work? （働く理由はそれだけですか？）

【答】I work because I have a responsibility to make sure that my family is happy. I do what I have to.
（家族が幸せになる責任が自分にはあるから、やるべきことをやっているのです）

【質問⑤】So, you work because you have a responsibility to make your family happy. Is that the only reason?
（家族が幸せに暮らすために働いているのですね。理由はそれだけですか？）

【答】I am happy when my family is happy. I can stand hard work. I also want to feel that I am serving society.
（家族が幸せなら自分は幸福です。厳しい仕事も耐えられる。自分の仕事が社会のためにもなっていると思いたいです）

【質問⑥】What about your family? Are they happy when you are not happy?
（あなたの家族はどうですか？ あなたがハッピーじゃなくても家族はハッピーになれますか？）

【答】Actually, they are concerned that I don't seem to be happy. Because they want me to be happy, too. So, I guess I must be happy if I want my family to be happy.
（実は家族が私が暗い顔をしているのを心配してくれています。私にもハッピーになってもらいたいと願っているからです。ということは、自分もハッピーにならなくちゃ家族はハッピーになれないってことでしょうか）

【質問⑦】Are you happy with your job?
（今の仕事に満足していますか？）

【答】Not really . . . I don't think I am making any difference. I always wanted to start my own business that can make me happy and serve society.
（あまり満足していません……。自分が何らかの貢献をしているとも思えません。生き甲斐を感じ、社会貢献もできるビジネスを立ち上げたかったんです）

【質問⑧】If you really want to work to make yourself, your family, and many other people happy, does it make sense for you to start developing ideas about your next step?
（あなた自身と家族とたくさんの人たちの幸せのために働きたいと願うのなら、今から次のステップ（起業）の準備を始めることは筋が通っていますか？）

【答】Definitely! So, it's OK for me to pursue my dream . . . ?
（もちろん！ 自分の夢を追いかけてもいいのですね……？）

　人生のシナリオはあなたにしか書けません。まずは、たくさんの自問自答をしてみませんか？

Part 5

Chapter 17-20

Chapter XVII

When I want to be funny, sometimes I find myself telling a little lie. I have not been completely truthful in writing about lamplighters. I am in danger of confusing people who do not know our planet well. In fact, people take up very little space on the Earth. If the two billion people who live there all stood in one place together, they could fit easily in an area twenty miles long and twenty miles wide. All Earth's people could fit together on a small island in the Pacific Ocean.

Of course grown-ups will not believe this. They like to think that they take up a lot of space. They believe they are big and important, like baobabs. But we will not waste our time worrying about them. There is no reason. You believe me.

Once he reached the Earth, the little prince was very surprised that he was all alone. He did not see anyone. He was afraid that he had come to the wrong planet. Then he saw something golden moving in the sand.

"Good evening," said the little prince.

"Good evening," said the snake.

■ truthful 正直な ■ in danger of ～の危険がある ■ confuse 混乱させる ■ take up（場所を）とる ■ Pacific Ocean 太平洋

第17章

　ぼくは面白おかしくしたいと思うと、つい、ちいさなウソをついてしまうことがある。点灯夫の話をしていたときも、本当のことだけを話したわけではない。そのため、ぼくたちの惑星のことをよく知らない人たちを混乱させてしまう危険性がある。実際、人が地球の上で占める面積はごくわずかだ。もし地上に住む20億人が全員、一つの場所にかたまって立ったら、縦に20マイル、横に20マイルのスペースに余裕で入ってしまうだろう。地球に住む人全員が、太平洋の小島一つに楽に収まってしまうのだ。

　もちろん、おとなはこの話を信じようとしない。たくさんの場所を占領していると思いたいのだ。自分たちが、バオバブのように大きくて重要だと思っているのだ。でも彼らに気をつかって時間を無駄にするのはやめよう。そうする理由がないのだ。みんなはぼくの言うことを信じてくれるのだから。

　小さな王子さまは地球に着いたとき、ひとりぼっちだったのでとてもびっくりした。人っ子ひとり、見かけないのだ。来る惑星を間違えたのではないかと心配になった。ちょうどその時、砂の中で金色のものが動くのが見えた。

　「こんばんは」小さな王子さまは言った。
　「こんばんは」ヘビが答えた。

"What planet is this?" asked the little prince.

"You are on the Earth, in Africa," the snake said.

"Oh! Then no one lives on the Earth?"

"This is the desert. No one lives in the desert. The Earth is very big," answered the snake.

The little prince sat down on a stone. He looked up at the sky:

"I wonder whether the stars shine so that everyone can find their own, one day," he said. "Look at my planet. It is just above us . . . But how far away it is!"

"It is beautiful," said the snake. "Then why have you come here?"

"I had problems with a flower," said the little prince.

"Ah," said the snake.

Neither spoke.

"Where are the people?" the little prince finally asked. "I am lonely in the desert . . ."

"It is lonely among the people, too," said the snake.

The little prince looked at the snake for a long time.

"You are a strange-looking animal," he told the snake. "You are long and thin like a finger . . ."

■ wonder whether ～だろうか否かと考える　■ neither （2者のうち）どちらも～しない
■ thin 薄い，細い

「この惑星はどういうところ?」小さな王子さまがたずねた。

「地球の、アフリカにいるんだよ」ヘビが言った。

「えっ。じゃあ地球にはだれも住んでないの?」

「ここは砂漠なんだ。砂漠にはだれも住まないのさ。地球はとても大きいからな」ヘビが答えた。

小さな王子さまは石に腰を下ろした。空を見上げて、

「星は、だれもがいつか自分の星を見つけられるように、光ってるのかなあ?」と言った。「ぼくの星を見て。ちょうど、ぼくらの真上だ……。でも何て遠いんだろう!」

「きれいだな」ヘビは言った。「なんでまた、ここに来たんだい?」

「花とうまくいかなくなっちゃったんだ」小さな王子さまは言った。

「ああ」ヘビが言った。

どちらもそれ以上、何も言わなかった。

「人はどこにいるの?」しばらくして小さな王子さまがたずねた。「砂漠にいると寂しいよ……」

「人の中にいても寂しいさ」ヘビは言った。

小さな王子さまは、ヘビを長い間見つめた。

「きみは変わった格好の生き物だなあ」小さな王子さまはヘビに言った。「指みたいに長くて細い……」

"But I am more powerful than the finger of a king," the snake said.
The little prince smiled:

"How can you be powerful...you do not even have feet...you cannot move easily."

"I can take you far, far away," said the snake, and wrapped itself around the little prince's ankle like a golden bracelet:

"I send whomever I touch back into the ground where he came from," the snake said. "But you are pure. You come from a star..."

The little prince said nothing.

"I feel sorry for you. You are so weak and alone on the Earth. Someday I may be able to help if you miss your planet too much. I can..."

"Oh! I understand," said the little prince. "But why do you always speak in riddles?"

"I answer all riddles," said the snake. And both were quiet.

■ wrap 包む, 巻く ■ ankle 足首 ■ back into the ground 地中へと帰る
■ miss ～が恋しい ■ speak in riddles 謎めいたことを言う ■ answer all riddles すべての謎を解く

「だがおれは王さまの指よりもずっと力があるんだぜ」ヘビが言った。

小さな王子さまは微笑んだ。

「どうやってそんな力が持てるの……、足さえないじゃないか……動くのだって大変だろう」

「きみをうんと遠くへ連れて行くことができるぜ」ヘビはそう言って、金色のブレスレットのように、小さな王子さまの足首に巻きついた。

「おれは、触れるものはだれでも、もとの土へと送り返すのさ」ヘビは言った。「だがあんたは純粋だ。星から来たんだ……」

小さな王子さまは何も言わなかった。

「あんたが可哀想だ。この地球で、こんなに弱くて、ひとりぼっちで。いつか自分の惑星が恋しくて仕方なくなったら、助けてやれるかもしれないぜ。おれにはできるんだ……」

「そうか！　わかったよ」小さな王子さまは言った。「でもきみはどうして謎めいたことばかり言うの？」

「おれはすべての謎を解くのさ」そうして二人とも、黙りこんだ。

Chapter XVIII

The little prince crossed the desert. He met no one except a flower. It was hardly a flower at all—it had just three petals...

"Hello," said the little prince.

"Hello," said the flower.

"Have you seen any people?" the little prince asked.

The flower had once seen some travelers pass by:

"People? I have seen some, I believe, about six or seven. I saw them years ago. But I do not know where they are. The wind blows them here and there. They do not have roots. That must be very difficult."

"Goodbye," said the little prince.

"Goodbye," said the flower.

第18章

　小さな王子さまは、砂漠を横切った。一本の花以外、だれにも会わなかった。

それも、花びらが3枚しかない、もうしわけ程度の花だった。

　「こんにちは」小さな王子さまは言った。

　「こんにちは」花が言った。

　「人を見たかい？」小さな王子さまがたずねた。

　花は、一度、旅人たちが通り過ぎるのを見かけたことがあった。

　「人？　何人か見かけたわ。確か6人か7人だった。何年も前よ。でも今どこにいるのかは知らないわ。旅人たちは風に吹かれて、あっちへ行ったり、こっちへ行ったりするのよ。彼らには根がないからなの。それって、大変に違いないわね」

　「さようなら」小さな王子さまは言った。

　「さようなら」花も言った。

■hardly ほとんど〜でない　■pass by そばを通り過ぎる　■root 根

Chapter XIX

The little prince climbed a tall mountain. The only mountains he had ever known were his three volcanoes, which came up to his knees. He had used the sleeping volcano as a chair.

"I should be able to see the whole planet and all the people from such a tall mountain," he said to himself. But all he could see were rocks and other mountains.

"Hello," he called out.

"Hello . . . hello . . . hello . . ." the echo answered.

"Who are you?" asked the little prince.

"Who are you . . . who are you . . . who are you . . ." answered the echo.

■ come up to ～まで届く　■ call out 叫ぶ　■ echo こだま、山びこ

第19章

　小さな王子さまは高い山に登った。今まで知っていた山は、王子さまの星にある三つの火山だけで、膝までの高さしかなかった。休火山を椅子代わりに使ったものだった。

　「こんな高い山からなら、地球全体と、住んでいる人
みんなが見えるに違いない」小さな王子さまはつぶや
いた。でも見えたのは、いくつもの岩とほかの
山々だけだった。

　「こんにちは」呼んでみた。

　「こんにちは……こんにちは……こんにちは……」
山びこが答えた。

　「きみはだれだい？」小さな王子さまがたずねた。

　「きみはだれだい……きみはだれだい……
きみはだれだい……」
山びこが答える。

"Be my friends. I am alone," he said.

"I am alone...I am alone...I am alone..." answered the echo.

"What a strange planet," the little prince thought. "It is dry and full of mountains. And the people here are not very interesting. They repeat whatever you say. At home I had a flower: she would always speak to me first..."

 # Chapter XX

After a long time, the little prince found a road. And roads lead to the world of people.

"Hello," said the little prince. He was in a rose garden.

"Hello," said the roses.

「友達になってよ。ぼくはひとりぼっちなんだ」小さな王子さまが言った。

「ひとりぼっちなんだ……ひとりぼっちなんだ……ひとりぼっちなんだ……」山びこが答えた。

「何てへんてこな惑星なんだ」小さな王子さまは思った。「乾いていて、山ばっかりだ。それにここの人たちはあまり面白くないな。こちらの言ったことを何でも繰り返すんだもの。ぼくのところには花がいた。いつも先に話しかけてくれる花が……」

第２０章

　長いことしてから、小さな王子さまは一本の道を見つけた。道というものは、すべての人たちのところにつながっている。

「こんにちは」小さな王子さまは言った。バラ園に来ていたのだ。

「こんにちは」バラの花たちも言った。

■ repeat 繰り返す　■ garden 庭園

The little prince looked at them. They were like his flower.

"Who are you?" he demanded, feeling shocked.

"We are roses," said the roses.

"Oh!" said the little prince.

And he felt very sad. His flower had told him that she was unique, the only one in the universe. And here were five thousand flowers that looked just like her, in a single garden!

"If my flower saw this, she would be very unhappy," he said to himself. "She would cough and pretend that she was dying in order to escape being laughed at. And I would have to pretend to believe her. Otherwise, she might really let herself die…"

Then he said to himself: "I thought I was rich. I thought that I had a special flower, but in reality she is only an ordinary rose. As for my three volcanoes, they are very small, and one of them is asleep. I am not much of a prince…" And he cried and cried.

■ unique 唯一の ■ universe 宇宙 ■ pretend ふりをする ■ in order to ～するために ■ otherwise さもないと ■ ordinary 平凡な，普通の ■ as for ～に関しては ■ not much of a 大した～でない

小さな王子さまは、じっと見つめた。自分の花とそっくりだ。

「きみたち、だれ?」ショックを受けて、小さな王子さまは聞いた。

「私たち、バラよ」とバラたちは言った。

「ええっ!」小さな王子さまは言った。

悲しみで胸をしめつけられた。王子さまの花は、自分はかけがえのない、世界で一つしかない花だと言っていた。それがここでは、似たような花がたった一つの庭に5000本も咲いているのだ!

「ぼくの花がこれを見たら、とても機嫌をわるくするだろうな」小さな王子さまは心の中で思った。「笑われないように咳をして、死にかけているふりをするだろうな。そしてぼくは、花を信じているふりをしなければ。さもないと、本当に死んでしまいかねないからね……」

それから独り言を言った。「ぼくは恵まれてると思ってた。特別な花を持ってると思ってたけど、実際にはありきたりのバラでしかなかったんだ。三つの火山だって、とても小さくて、一つは眠ってる。これじゃあ、王子さまなんかじゃないよ……」そして泣いて、泣いて、泣きとおした。

覚えておきたい英語表現

It is lonely among the people, too. （p.140, 16行目）
人の中にいても寂しいさ。

【解説】 "I am lonely among the people, too." と、"It is lonely among the people, too." という二つの文章を比べると、ニュアンスの違いがわかります。前者の場合には、自分自身の寂しさを強調し、後者の場合には、「人の中にいても寂しいものさ」と、一般論を述べています。

【例文】①It is lonely to have lots of money and no true friend.
お金持ちになっても、本当の友達がひとりもいないのは寂しいものです。

②It is fascinating to be among the children, too.
子どもたちに囲まれることもワクワクすることです。

I am lonely in the desert

　たくさんの人に囲まれていても、ふっと孤独になることがあります。人間はひとりでいても寂しいし、たくさんの人たちといても寂しくなる生きものです。いつもだれかと一緒にいないと不安になる人は、孤独と友達になることも学ぶ必要があります。ひとりの時間を楽しみ、真に心を通わせる人たちと一緒にいる時間も楽しめたら、豊かな時間をたくさん過ごすことができます。"I am lonely in the desert."「砂漠にいると寂しいよ……」とつぶやく王子さまに対して、ヘビが諭しているのです。心を通わせることができない人たちに囲まれていたら、砂漠で独りぼっちになったようなものだということを語っています。

They do not have roots. （p.144, 9行目）
彼らには根がないの。

【解説】rootsには、「根」の他に、「根本原因」や「根源」という意味もあります。the root cause（根本原因）を探求することは、問題解決のために不可欠です。
旅人たちはみな、風に吹かれて通り過ぎていく根なし草……。理想の生き方を考えてみましょう。ゆるぎない価値観という根を大地に深くはり、大きな幹でしっかりと立ち、大空に向かってのびやかに成長し続ける枝や、大地をはって世界の隅々まで伸びていく枝を持つ一本の木を私はイメージします。

【例文】①You must get at the root of the problem.
問題の真相を究めよ。

②I am going to put my roots down in my hometown.
故郷に落ち着こうと思う。

"Who are you?" he demanded, feeling shocked. （p.150, 2行目）
「きみたち、だれ？」ショックを受けて、小さな王子さまは聞いた。

【解説】ここでは、イントネーションが重要です。asked（たずねた）ではなく、demanded（要求した・命令した）という強い単語が使われているため、王子さまの動揺ぶりがわかります。答えを要求しているので、命令文の下降調のイントネーションになります。上昇調の命令文の口調では、普通の質問になってしまいます。
発音の仕方は、Who（フー）（「風鈴」の「ふう」）、are（アー）口調を上げる、you（ユー）口調を下げる――感じです。「ふぅ　あぁっ↑～ゆぅ↓」
「いったいぜんたい、きみたちはだれなんだ?!」のニュアンスを込めて言ってみましょう。王子さまは、世界でたった一つしかないと思っていたバラの花が、たった一つではなかったことを発見して、ショックに打ちひしがれます。

【例文】①You are not answering my question. I demand an answer from you now!

きみはぼくの質問に答えていない。今すぐに答えたまえ！

＊demandを使うと、かなり強い口調になるので、使うことが適切かどうか気をつけましょう。通常のビジネスでは、request（要請する）を使用することをお勧めします。

②I request to have your response.

御社の返答を要請します。

＊ただし、フランス人がdemandを使うときには、ask（たずねる）や、request（要請する）と同じ意味で使うこともあるので、要注意です。フランス語のdemanderという動詞には、「たずねる」という意味があるため、英語でもdemandをaskの同義語として使っているフランス人がいるのです。その場合には、相手の口調や文脈から、「要求」しているのか、「要請」しているのかを判断しなくてはなりません。グローバルなビジネス現場では、色とりどりのEnglishes（英語たち）が、多種多様なアクセントと独特の意味で使用されています。文脈から判断したり、何度も確認しながら、忍耐強くコミュニケーションを進めていくことが大切です。ぺらぺらの英語を話すことではなく、相手にわかる英語を話し、相手の英語を聞きとる努力をする人が、グローバルビジネスで成功するのです。

③ "What are you?" she demanded, feeling shocked.

「あなたってひとは一体なんなの？」彼女はショックに打ちのめされて問い詰めた。

＊ "What kind of person are you?"「あなたって人がわからない——善人なのか悪人なのか……」といったときに使えます。発音の仕方も、前頁で述べた "Who are you?" と同様です。

And I would have to pretend to believe her.（p.150, 10行目）
そしてぼくは、花を信じているふりをしなければ。

【解説】I would have to~ は、「～しなくてはいけなくなるだろう」の意味です。王子さまの花がバラ園を目にしたことを仮定して使っています。pretend to believe~ は、「～を信じているふりをする」で、色々な動詞を入れて使うことができます。

なんてやさしい言葉なのでしょう。愛する人がついたウソを信じているふりをすることも、愛情のしるしなのでしょう。「ウソつけ！」なんて言ったら、花が追い詰められてしまうことを気遣って、やさしさ故のウソをつかなくてはならないと、小さな王子さまは心を痛めているのです。

【例文】①If you leave me, I will have to live in solitude.

きみがぼくから離れて行ってしまったら、ぼくは孤独に生きていかなくてはならない。

②I would have to pretend not to see you.
きみに会っても、見て見ぬふりをしなくてはならないだろう。

I thought I was rich. （p.150, 12行目）
ぼくは恵まれていると思ってた。

【解説】richには、「お金持ち」という定量化できることの他に、rich experience（豊かな）経験、rich flavor（濃厚）な味、rich taste（豊富な）嗜好といった、定性的な意味もあります。王子さまにとって、世界に一つしかない特別の花を持っていることが、rich（恵まれていること）の象徴でした。でも、現実には、その花がonly an ordinary rose（ただのバラ）だということがわかり、落胆します。ここで表わされている価値観は、王子さまなら「特別な物」を所有していなくてはならないという見解です。現代人は、王子さま同様、真の「豊かさ」を再考する時代に生きています。すべての命はかけがえなく、「足るを知る」ことは、rich heart（豊かな心）を育むのです。

【例文】① I thought I had everything, till I met you.
きみに会うまでのぼくは、すべてを手に入れたと思い込んでいた。

②I thought I was poor, but I know now that I am a very rich man blessed with a lovely family!
ぼくは貧しいと思っていた。でも、今は違う。素晴らしい家族という宝に恵まれていることに気づいたから！

Part 6

Chapter 21-24

Chapter XXI

That was when the fox appeared.

"Hello," said the fox.

"Hello," the little prince answered. Although he had turned around, he did not see anyone.

"I am here," said a voice under the apple tree.

"Who are you?" said the little prince. "You are quite beautiful."

"I am a fox," said the fox.

"Come play with me," the little prince said. "I am so sad."

"I cannot play with you," answered the fox. "I am not tame."

"Oh! Excuse me," said the little prince. After some thought, he added, "What does 'tame' mean?"

■ turn around 振り返る ■ tame 飼いならす

第21章

　ちょうどその時、キツネが現れた。

　「こんにちは」キツネは言った。

　「こんにちは」小さな王子さまは答えた。振り向いたのだが、だれも目に入らなかった。

　「ここだよ」りんごの木の下から声がした。

　「きみはだれだい？」小さな王子さまは言った。「きれいだね、きみ」

　「ぼくはキツネだよ」キツネは言った。

　「おいで。ぼくと遊ぼう」小さな王子さまは言った。「ぼく、とても悲しいんだ」

　「きみとは遊べないよ」キツネは答えた。「なついてないから」

　「ああ！　ごめんね」小さな王子さまは言った。少し考えてから、付け足した。「『なつく』って、どういうこと？」

"You are not from around here," said the fox. "What are you doing here?"

"I am looking for people," said the little prince. "What does 'tame' mean?"

"People have guns. They go hunting," said the fox. "It is very inconvenient. They also raise chickens. That is all they do. Are you looking for chickens?"

"No," said the little prince. "I am looking for friends. What does 'tame' mean?"

"It means something that too many people have forgotten," said the fox. "To tame means 'to create ties or form a bond.' Right now, to me, you are a little boy just like thousands of other little boys. I do not need you. And you do not need me, either. For you, I am a fox just like thousands of other foxes. But if you tame me, we will need each other. For me, you will be unique, one of a kind. You will be different from everyone else in the world. And I will be unique for you..."

"I think that I am beginning to understand," said the little prince. "There was once a flower...I think she tamed me..."

"It is possible," said the fox. "Many things are possible on the Earth."

"Oh! This did not happen on the Earth," said the little prince. The fox looked at him with interest:

"It happened on another planet?"

■ inconvenient 不便な ■ raise ～を育てる ■ ties 縁 ■ form a bond きずなを築く
■ one of a kind ユニークな，特別の

「きみ、ここの人じゃないんだね」キツネは言った。「ここで何してるの？」

「人間たちを探しているんだよ」小さな王子さまは言った。「『なつく』って、どういうこと？」

「人間は銃を持ってる。狩りをするんだ」キツネは言った。「まったく迷惑だよ。それからニワトリも育てるんだ。人間がするのはそれだけさ。きみ、ニワトリを探してるのかい？」

「ううん」小さな王子さまは言った。「ぼくは友達を探してるんだ。『なつく』ってなんのこと？」

「あまりにも忘れられてしまったことさ」キツネは言った。「『なつく』って、『つながりやきずなをつくる』ことだよ。今、きみはぼくにとって他の何千もの子と同じ、ただの男の子でしかない。ぼくはきみを必要としないし、きみもぼくを必要としない。きみにとってぼくは他の何千というキツネと同じ、代わり映えしないただのキツネだ。でもきみにぼくがなついたら、ぼくたちはお互いが必要になるんだ。ぼくにとってきみはかけがえのない、たったひとりの存在になる。きみは世界中の他のだれとも違う存在になる。そしてぼくはきみにとってかけがえのないものになるんだ……」

「ぼく、わかりかけてきたような気がするよ」小さな王子さまは言った。「昔、花がいて……その花がぼくをとりこにしたと思ったんだ……」

「ありうることだな」キツネは言った。「地球ではいろんなことが可能なんだ」

「ああ！　地球で起きたんじゃないよ」小さな王子さまは言った。キツネは面白そうに王子さまをながめた。

「違う惑星で起きたのかい？」

"Yes."

"Are there hunters on this planet?"

"No."

"How interesting! Are there chickens?"

"No."

"Nothing is perfect," the fox sighed.

He began to speak again. "My life is always the same. I hunt chickens, and people hunt me. All chickens seem the same, and all people seem the same. Therefore I get rather bored. But if you will tame me, then my life will be filled with sunshine. I will run and hide when I hear the sound of other people's footsteps. But your footsteps will sound different. When I hear your footsteps, they will sound like music to me. And I will come and greet you. And look! Do you see that field of wheat over there? Because I do not eat bread, wheat is not important to me. Wheat does not make me think of anything. And that is sad! But you have golden hair. That will be so wonderful when you have tamed me! The golden wheat will make me think of you. And I will love listening to the sound of the wind in the wheat..."

Then the fox was quiet. He looked at the little prince for a long time.

At last he said, "Please...tame me!"

"I would like to very much," answered the little prince. "But I do not have much time. I have friends to make and many things to learn."

■ get bored うんざりする ■ hide 隠れる ■ footstep 足音 ■ greet （喜んで）迎える
■ wheat 小麦 ■ have friends to make 作るべき友人がいる

「そうだよ」

「その惑星には猟師がいるかい？」

「いいや」

「面白いなあ！ ニワトリはいるかい？」

「いいや」

「完ぺきなものはないんだな」キツ
ネはため息をついた。

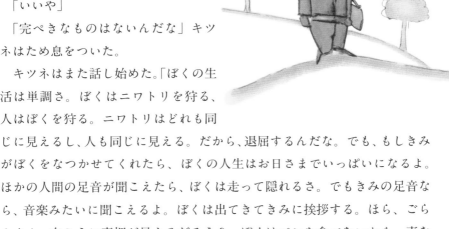

キツネはまた話し始めた。「ぼくの生
活は単調さ。ぼくはニワトリを狩る、
人はぼくを狩る。ニワトリはどれも同
じに見えるし、人も同じに見える。だから、退屈するんだな。でも、もしきみ
がぼくをなつかせてくれたら、ぼくの人生はお日さまでいっぱいになるよ。
ほかの人間の足音が聞こえたら、ぼくは走って隠れるさ。でもきみの足音な
ら、音楽みたいに聞こえるよ。ぼくは出てきてきみに挨拶する。ほら、ごら
んよ！ 向こうに麦畑が見えるだろう？ ぼくはパンを食べないから、麦な
んてどうでもいいんだ。麦を見ても、何も思わない。それって悲しいことだ
よ。でもきみの髪は金色だ。そのきみが、ぼくの心を開いてなつかせてくれ
たら、すてきだろうなあ！ 金色の麦を見たら、ぼくはきみのことを思うよ。
そして、麦のあいだに揺れる風の音に聞きほれるんだ……」

キツネはふと黙ると、長いこと小さな王子さまを見つめた。

ついにキツネは言った。「頼むよ……ぼくをなつかせて！」

「ぼくもとってもそうしたいよ」小さな王子さまは答えた。「だけど、時間
がないんだ。友達をつくらなきゃいけないし、知らなきゃいけないこともた
くさんある」

"We only truly know the things that we have tamed," said the fox. "People today are too busy to truly know anything. They go to shops to buy things that have already been made. But since there are no shops for buying friends, people no longer have friends. If you want a friend, tame me!"

"What must I do?" asked the little prince.

"You must be very patient," the fox told him. "First you must sit in the grass, rather far away from me. I will watch you carefully. You will not say a word. All misunderstanding comes from talking. But each day you will be able to sit a little bit closer to me..."

On the next day the little prince returned.

"It would be better if you returned at the same time every day," said the fox. "If you always come at four o'clock in the afternoon, then I will start to feel happy around three. The nearer it gets to four o'clock, the happier I will feel. At four, I will be so excited! I will know what happiness is! But if you come at a different time each day, I will not know when I should start to prepare to be happy... We must have a ritual."

"What is a ritual?" asked the little prince.

"That is something else that too many people have forgotten," said the fox. "A ritual is what makes one day different from another, or one hour different from other hours. For example, my hunters have a ritual. Every Thursday they go dancing with the village girls. That is why every Thursday is a wonderful day! I can take walks all over.

■ patient 我慢 [忍耐] 強い ■ misunderstanding 誤解 ■ happiness 幸せ
■ ritual 儀式

「ぼくたちは、なつかせたもの、きずなを結んだものしか、本当に知ることはできないんだよ」キツネは言った。「人間たちは時間がなくなりすぎて、本当のことを何も知ることができないでいる。店に行って、できあがったものを買う。でも友達を買える店はないから、もう友達もいないんだ。友達がほしいなら、ぼくの心を開かせておくれ！」

「どうすればいいの？」小さな王子さまはたずねた。

「うんと辛抱強くあることだな」キツネは言った。「まず、ぼくからかなり離れて草の中にすわるんだよ。ぼくはきみを注意深く観察する。きみは一言も言わない。誤解っていうものはぜんぶ、話すことで起こるんだからね。でもきみは毎日、少しずつぼくの近くにすわれるようになる……」

翌日、小さな王子さまは戻ってきた。

「毎日、同じ時間に戻ってきたほうがいいね」キツネが言った。「きみがいつも昼の4時に来たら、ぼくは3時ごろから嬉しくなるよ。4時に近づけば近づくほど、嬉しくなるんだ。4時になったら、ぼくはもう有頂天になってるだろう。幸せとはどんなものかを知るんだ！ でもきみが毎日違う時間に来たら、嬉しくなる準備をいつ始めていいのかわからないよ……。ならわしがいるんだ」

「ならわしってなんだい？」小さな王子さまがたずねた。

「これも、あまりにもたくさんの人が忘れてることさ」キツネは言った。「ならわしっていうのは、一日がほかの日と、一時間がほかの時間と違うようにすることさ。たとえば、ぼくを狩る猟師たちにもならわしがある。毎週木曜日には村の娘たちと踊りに行くんだ。だから、木曜日は毎週、天国さ！ ぼくはどこでも散歩できる。でももし猟師たちがいつも踊ってたら、毎日は

If the hunters danced all the time, then every day would resemble the others, and I would never have a vacation."

And so the little prince tamed the fox. When it was finally time for the little prince to leave, the fox said:

"Oh! I will cry..."

"That is your doing," answered the little prince. "I did not want to hurt you. But you asked me to tame you..."

"Of course," said the fox.

"But you will cry!"

"Of course."

"Then what do you get out of all this? Why did you do this? What is your reason?" asked the little prince.

"My reason lies in the golden color of the wheat," answered the fox. Then he added:

"Go back and look at the roses. You will see that yours is unique. Then come here and say goodbye to me, and I will tell you a secret. It will be my gift to you."

■ resemble 似ている　■ vacation（長期の）休暇　■ hurt 傷つける　■ get out of ～から取り出す［得る］

他の日と同じで、ぼくは休日なんか取れなくなっちゃうよ」

　こうして、小さな王子さまはキツネをなつかせた。やがて王子さまの出発するときが来て、キツネは言った。
　「ああ！　ぼくは泣くよ……」
　「きみのせいなんだよ」小さな王子さまは答えた。「きみを傷つけたくなかったんだ。でもきみが、なつかせてって言ったから……」
　「もちろんさ」キツネは言った。
　「でも泣くんじゃないか！」
　「もちろん」
　「だったら、きみには何のいいことがあるんだい？　どうしてこんなことをしたの？どんな理由で？」小さな王子さまはたずねた。
　「理由は、麦の金色にある」キツネは答えた。
　そして付けくわえた。
　「戻っていって、バラ園を見てきたらいい。きみのバラがかけがえのないものだってわかるから。それからぼく
にさよならを言いに来て。そうした
らきみに秘密を教えてあげよう。
それがぼくからの贈り物だ」

The little prince went back and looked at the roses.

"You are not at all like my rose. You are nothing to her," he said to the roses. "No one has tamed you, and you have never tamed anyone. My fox was once like you. He was once a fox just like thousands of other foxes. But I made him my friend, and now there is no one like him in all the world."

The roses were not pleased.

"You are beautiful, but you are empty," the little prince told them. "No one would die for you. Of course, an ordinary person might think that my rose looks like you. But I know that she is more important than all of you because she is the one I cared for. Because she is the one I put under a globe. Because she is the one I protected from the cold. Because she is the one I killed the caterpillars for (except for two or three that will become butterflies). Because she is the one who talked with me and who was quiet with me. Because she is my rose."

Then he returned to the fox.

"Goodbye," the little prince said.

"Goodbye," said the fox. "Here is my secret. It is very simple: we do not see clearly, except when we look with our hearts. The things that are most important cannot be seen with our eyes."

"The things that are most important cannot be seen with our eyes," repeated the little prince. He wanted to be sure that he remembered this.

■ care for 〜の世話をする

　小さな王子さまは戻っていって、バラ園のバラを見た。

　「きみたちは、ちっともぼくのバラに似てないね。くらべものにならないよ」王子さまはバラたちに言った。「だれも、きみたちをなつかせたことはなかったし、きみたちも、だれもなつかせたことがないんだ。ぼくのキツネは、昔はきみたちのようだった。ほかの何千のキツネと同じただのキツネだった。でもぼくがキツネを友達にしたから、今じゃ、世界中で彼みたいなキツネは他にいないんだ」

　バラたちは気をわるくした。

　「きみたちは美しいよ、でも空っぽだ」小さな王子さまはバラたちに言った。「だれもきみたちのためには死なないよ。もちろん普通の人には、ぼくのバラもきみたちと同じように見えるだろうね。でもぼくは、きみたちぜんぶよりも、ぼくのバラが大切だってわかってるよ。だって、ぼくが大切にしてきたのは、このバラなんだからね。ぼくがケースをかぶせ、寒さから守ってやり、毛虫を（蝶になるように残した２、３匹以外は）やっつけてあげたのは、このバラのためなんだ。ぼくとおしゃべりをして、ぼくと静かにいたのはこのバラなんだ。ぼくのバラだからだ」

　そして小さな王子さまはキツネのところに戻った。

　「さよなら」小さな王子さまは言った。

　「さよなら」キツネも言った。「ぼくの秘密を教えてあげるよ。とっても簡単なことなんだ。ぼくたちは、心の目で見ない限り、何もはっきりと見えないんだ。一番大切なものは、目に見えないんだよ」

　「一番大切なものは、目に見えない」小さな王子さまは繰り返した。どうしても憶えておきたかったのだ。

"It is the time you spent for your rose that has made her so important."

"It is the time I spent for my rose..." repeated the little prince. He wanted to remember this.

"People have forgotten this truth," the fox told him. "But you must not forget it. You are forever responsible for what you have tamed. You are responsible for your rose..."

"I am responsible for my rose..." repeated the little prince. He wanted to remember.

 # Chapter XXII

"Good morning," said the little prince.

"Good morning," said the train signalman.

"What are you doing here?" asked the little prince.

"I move travelers around. I move thousands of travelers at one time," said the signalman. "I move the trains that they travel in. Some trains go to the right. Others go to the left."

And then a brightly-lit train hurried by. It made a noise like thunder. It shook the signalman's box.

■ be responsible for 〜に対して責任がある　■ signalman（鉄道の）信号手
■ brightly-lit（明かりなどに）明るく照らされた　■ hurry by 急いで通り過ぎる

「きみがバラのために費やした時間、それがバラをこんなに大切にしたんだ」

「ぼくがバラのために費やした時間……」小さな王子さまは繰り返した。これを憶えておきたかったからだ。

「人は、この真実を忘れてしまった」キツネは言った。「でもきみは忘れちゃいけない。きみは、なつかせたもの、心を開かせた相手には、永久に責任があるんだ。きみのバラに、責任がある……」

「ぼくはバラに責任がある……」小さな王子さまは繰り返した。憶えておきたかったから。

第２２章

「おはよう」小さな王子さまは言った。

「おはよう」列車の信号手は言った。

「ここで何をしてるの？」小さな王子さまはたずねた。

「旅行者をあちこちに移動させるのさ。一度に何千人も動かすんだよ」線路のポイントを切りかえる信号手は言った。「旅行者の乗った列車を動かすんだ。右へ行く列車もあるし、左へ行く列車もある」

その時、明かりを一杯つけた特急列車が走り去った。雷みたいな音をとどろかせながら、信号手の小屋を震わせていった。

"Those people are in a hurry," said the little prince. "What are they looking for?"

"Even the man who drives the train does not know that," said the signalman.

Then a second train hurried by. It was traveling in the opposite direction.

"Are they coming back already?" asked the little prince.

"Those are not the same people," said the signalman. "That was an exchange."

"Those people were not happy where they were?"

"People are never happy in the place where they are," answered the signalman.

A third train hurried by.

"Are they trying to catch up with the first group of travelers?" asked the little prince.

"They are not trying to do anything," said the signalman. "They just sleep in the train, or they yawn. Only the children press their faces up against the windows."

"The children are the only ones who know what they are looking for," said the little prince. "They spend time taking care of a doll, and the doll becomes important to them. Then if someone takes it away, they cry..."

"They are lucky," said the signalman.

■ opposite 反対側の ■ exchange 交換 ■ catch up with ～に追いつく
■ take away ～を取り上げる

「あの人たち、急いでるんだね」小さな王子さまは言った。「みんな、何を探してるの？」

「それは、列車の運転士も知らないんだよ」信号手は答えた。

2台目の列車が、急いで通り過ぎた。今度は反対方向へ進んでいった。

「あの人たち、もう帰っていくの？」小さな王子さまはたずねた。

「同じ人たちじゃないよ」信号手は言った。「あれは、すれ違ったんだ」

「自分のいた所で幸せじゃなかったから？」

「自分のいる場所で満足する人はいないね」信号手は答えた。

3台目の列車が通り過ぎた。

「あの人たち、1台目の旅行者に追いつこうとしてるの？」小さな王子さまはたずねた。

「何もしようとしてないよ」信号手は答えた。「列車の中では寝るか、あくびするかなのさ。窓に顔を押し付けているのは子どもたちだけだよ」

「子どもたちだけが、何をさがしているのかわかっているんだね」小さな王子さまは言った。「子どもたちは、時間をかけて人形の世話をやく、そうすると、その人形がとても大切になる。だからもしその人形を取り上げられたら、泣くんだ……」

「その子たちはラッキーなのさ」信号手は言った。

Chapter XXIII

"Good morning," said the little prince.

"Good morning," said the salesman.

The salesman sold special pills. The pills stopped people from feeling thirsty. If you took one pill every week, you would never need a drink of water.

"Why do you sell those pills?" asked the little prince.

"They save lots of time," said the salesman. "Scientists have done the math. These pills save fifty-three minutes every week."

"What would people do with these fifty-three minutes?"

"They do whatever they want..."

The little prince said to himself: "If I had those fifty-three minutes, I would walk slowly toward a well of fresh water."

■ pill 錠剤　■ thirsty のどが渇いた　■ save 節約する　■ well 井戸

第23章

「おはよう」小さな王子さまは言った。

「おはよう」セールスマンは言った。

このセールスマンは、特殊な錠剤を売っていた。これを飲むと、のどの渇きを感じなくなる。毎週、一錠ずつ飲めば、水を全く飲まなくてもいいのだ。

「どうしてこの錠剤を売ってるの？」小さな王子さまはたずねた。

「ものすごく時間が節約できるからさ」セールスマンは言った。「科学者たちが計算したんだ。この錠剤で、毎週53分の節約になる」

「その53分で何をするの？」

「何でも、やりたいことをやるのさ……」

「もし53分あったら、ぼくなら、きれいな水の出る井戸にゆっくりと歩いていくけどなあ」小さな王子さまはつぶやいた。

Chapter XXIV

Eight days had passed since my plane crash. As I listened to the little prince's story about the salesman, I drank my last drop of water.

"Ah!" I said to the little prince. "Your memories are very interesting, but I have not fixed my plane. And I have no more water to drink. I would be very glad if I could walk slowly toward a well of fresh water!"

"My friend the fox told me…"

"But my dear little friend, this has nothing to do with a fox!"

"Why?"

"Because we are going to die of thirst…"

He did not understand. He said, "It is good to have had a friend, even if one is going to die. I am very happy to have had a fox as my friend…"

"He does not understand the danger," I said to myself. "He never gets hungry or thirsty. All he needs is a little sunlight…"

But then he looked at me and answered my thoughts.

"I am thirsty, too… Let's go and search for a well of fresh water…"

■ crash 墜落 ■ die of thirst 渇き死ぬ

第24章

ぼくの飛行機が墜落してから8日たった。小さな王子さまがセールスマンの話をするのを聞きながら、ぼくは残った水の最後の一滴を飲んだ。

「ああ！」ぼくは小さな王子さまに言った。「きみの思い出話にはとても興味を引かれるよ。でも飛行機は修理できてない。水も、もうない。真水の出る井戸へゆっくりと歩いていけたら、ぼくはそれこそ嬉しいだろうよ！」

「ぼくの友達のキツネが言ったことには……」
「でもきみ、キツネとは全く関係ないんだ！」
「なぜ？」
「なぜって、ぼくらはのどが渇いて死んでしまうからさ……」
王子さまにはわからなかった。そして言った。「もし死ぬとしても、友情を培っておいたのはいいことだよ。ぼくは、キツネと友達になったこと、本当に嬉しいよ……」
「王子さまは、この危険がわかっていない」ぼくは心の中で思った。「腹が減ったり、のどが渇いたりということがないんだ。お日さまがほんの少しあれば、生きていけるんだ……」
しかし、王子さまはこちらを見て、ぼくの思っていることにちゃんと答えた。
「ぼくものどが渇いたよ……。真水の出る井戸を探しに行こう……」

I felt tired. I thought it was silly to search for a well in the desert. The desert was so big. We did not know where to search. However, we started to walk.

For hours we walked and never spoke. Night arrived, and the stars appeared. Because I was so thirsty, I felt rather sick. Everything seemed like a dream. The words of the little prince danced in my head.

"So you are thirsty, too?" I asked him.

But he did not answer me. He simply said:

"Water is good for the heart, too..."

I did not understand. Still, I did not ask what he meant...I knew that there was no need.

He was tired and sat down. I sat next to him. After a while he said:

"The stars are beautiful. They are beautiful because somewhere there is a flower that I cannot see from here..."

"Yes," I said, and looked at the moonlit sand.

"The desert is beautiful," the little prince remarked.

And he was right. I have always loved the desert. In the desert, you sit on the sand. You see nothing. You hear nothing. And yet something beautiful fills the silence...

"The desert is beautiful," the little prince said, "because a well is hidden somewhere in it."

■ there is no need 必要はない ■ moonlit 月明かりに照らされた ■ remark 述べる

　ぼくは疲れを感じた。砂漠の中で、井戸を探すなんてばかばかしいと思った。この砂漠は巨大だ。どこから探せばいいのか見当もつかない。でもとにかく、ぼくらは歩き始めた。

　何時間も、ぼくらはただ歩いて、一言もしゃべらなかった。夜になって、星が出た。ぼくはあんまりのどが渇いて、気分がわるくなった。何もかもが夢の中のできごとのようだ。小さな王子さまの言葉が、ぼくの頭のなかで踊る。

　「じゃ、きみものどが渇いてるんだね？」ぼくはたずねた。

　でも王子さまは答えなかった。ただ、こう言っただけだった。

　「水は心にもいいんだよ……」

　ぼくにはわからなかった。それでも、どういう意味かと聞いたりしなかった……。その必要がないことは、わかっていたから。

　王子さまは疲れて、すわり込んだ。ぼくも隣にすわった。しばらくして、王子さまが言った。

　「星はきれいだ。ここからは見えない花が、どこかで一輪咲いているからだね……」

　「そうだね」ぼくは言って、月に照らされた砂の起伏を見つめた。

　「砂漠は美しい」小さな王子さまが言った。

　そのとおりだった。ぼくはいつも砂漠を愛してきた。砂漠では、砂の上にすわるのだ。何も見えない。何も聞こえない。なのに、何か美しいものが静寂を満たすのだ……。

　「砂漠は美しい」小さな王子さまが言った。「どこかに井戸が隠されているから」

Suddenly I understood why the desert was beautiful. When I was a little boy, I lived in a very old house. People had always believed that a treasure was hidden inside the house. Of course no one had ever found it. Perhaps no one had really looked for it. But the story of the treasure filled the house and made it beautiful. My house had a secret hidden deep inside its heart...

"Yes," I said to the little prince. "It does not matter whether we are talking about houses or stars or the desert—what makes them beautiful cannot be seen with the eyes!"

"I am glad that you agree with my friend the fox," he said.

Then the little prince fell asleep. I picked him up. I held him in my arms as I walked. My heart was full. I felt that I was carrying a fragile treasure. I felt that there was nothing more fragile on the Earth. In the moonlight, I looked at his pale face, his closed eyes, and his hair gently moving in the wind. I said to myself: "What I see here is only a shell. The most important part is hidden from the eyes..."

Watching his lips half-smiling as he slept, I said to myself: "The little prince's true love for his flower fills my heart. His love shines from inside him, like the light of a lamp. It shines even when he is asleep..." And then he seemed even more fragile to me. That light must be protected: even a little bit of wind can put it out...

Early that morning, I found the well.

■ treasure 宝物 ■ fragile 壊れやすい, もろい ■ pale 青ざめた ■ shell 殻, 外観

　突如としてぼくは、砂漠がなぜ美しいかを理解した。子どもだったころ、ぼくはとても古い家に住んでいた。その家のどこかに宝物が隠されているらしいとずっと言われてきた。もちろん、だれも見つけたものはいない。真剣に探した人もいなかったのだろう。それでも、この宝物の言い伝えが家を満たし、美しくした。ぼくの家は、見えない中心部の奥深く、秘密を隠していたのだ……。

　「そうだ」ぼくは小さな王子さまに言った。「ぼくらの話していることが家でも、星でも、砂漠でも関係ない——それらを美しくしているものは、目には見えないんだ！」

　「きみが、友達のキツネと同じことを考えていてくれてうれしいよ」王子さまは言った。

　そして、小さな王子さまは眠りに落ちた。ぼくは彼を抱き上げた。王子さまを抱きかかえて、歩いた。ぼくは胸がいっぱいだった。こわれそうな宝物を抱えている気がした。この地上で、これほど繊細でこわれやすいものはないような気がした。月明かりに、ぼくはその青白い顔や、閉じた眼、風にかすかに揺れる髪を見つめた。ぼくは心の中で思った。「今見ているのは、外側の、殻にすぎないんだ。一番大切な部分は目には見えないんだ……」

　眠りの中で、半分笑ったような王子さまの唇を見ながら、ぼくは思った。「小さな王子さまの持つ、自分の花への本物の愛が、ぼくの心を満たす。王子さまの愛は、ランプの光みたいに、彼の内側から光を放ってる。眠っているときでさえ輝いて……」そうすると、王子さまはなおいっそう、こわれやすいものに思えるのだった。この光は守らなければならない。ほんのかすかな風で消えてしまうかもしれないのだから……。

　その日の早朝、ぼくは井戸を見つけた。

> ### But if you tame me, we will need each other. (p.160, 14行目)
> でもきみがぼくをなつかせたら、ぼくたちはお互いが必要になるんだ。

【解説】tame（飼いならす・てなずける）という単語を聞くと、従属的な関係を想像してしまいます。でもここでは、決してネガティブな意味で使われていません。言葉の真意は常に、文脈から判断する必要があります。

【例文】① If you leave me, I will miss you so much.
　　　　もしあなたが去っていったら、私はとても寂しくなる。

　　　② If you stay with me, we will keep hurting each other.
　　　　もしあなたが私と一緒にいたら、お互いを傷つけ続けるでしょう。

　　　③ If we care about each other, we should learn to live without each other.
　　　　もしお互いのことを思っているのなら、別々に生きていく道を考えるべき。

　　　④ Pioneers in the New World tried to tame the nature.
　　　　新世界の開拓者たちは、自然を手なずけようとした。

　　　　＊大自然に対する人間の奢りを表わしています。

But if you tame me, we will need each other.

　王子さまがキツネをなつかせたら、つまり、キツネの心を開き、警戒心のかわりに信頼と好感を抱かせたとき、お互いが必要になるのだという意味です。ここで興味深いのは、tameされる方だけではなく、tameする方も、お互いの存在が必要となり、依存し合うようになるということです。上下関係が、相互依存関係に変化していきます。その理由は、両者の間に生まれた信頼関係ときずなにあります。"cause and effect"（原因と結果）を英語で表現する練習をしましょう。「もし〜したら、その結果、〜になる／〜が起こる」は、それを根拠にして、「だからこうしてほしい」と説得するときにも使われます。

Nothing is perfect. （p.162, 6行目）
完ぺきなものはない。

【解説】王子さまの小さな星には、王子さまを "tame した一本の花"（その逆ではなく！）が咲いています。幸いキツネを追いかける猟師はいないのですが、キツネが追いかけるニワトリが住んでいないのは、キツネにとってがっかりです。もうちょっとで完ぺきだったのに……おしいなあ、と言うときに使う表現です。

【例文】① Nobody is perfect. So, don't feel bad.
　　　　完ぺきな人はいない。だからあまり気を落とすなよ。

　　　② Nothing is perfect. It makes the world so interesting!
　　　　完ぺきなものはない。だから世界はすごくおもしろいのさ。

When I hear your footsteps, they will sound like music to me. （p.162, 12行目）
きみの足音なら、ぼくには音楽みたいに聞こえる。

【解説】～ sound like music to me（～は、音楽みたいに聞こえる）は、～ sound(s) music to my ears. とも言います。心地よいことやうっとりするような言葉を耳にしたときに使うことができる、詩的な表現です。
ここでは、大好きな人の足音が聞こえてきたときの胸の高鳴りを表しています。

【例文】① Your voice sounds music to my ears…
　　　　きみの声は音楽の調べのように心地よい。

　　　② It sounds music to me!
　　　　音楽のように心地よい知らせだ。

　　　　＊ Good News を聞いたあと、こんな言い方をすることができます。

　　　③ It may not sound like music to you, but you must hear the truth.
　　　　聞きづらい話かもしれないが、真実を聞いてほしい。

覚えておきたい英語表現

The golden wheat will make me think of you. （p.162, 17行目）
金色の麦を見たら、きみのことを考えるよ。

【解説】A will make me think of B（AはBを思い出させる）は、AとBの間には切り離すことができないきずなやつながりがあることを表現しています。人は五感に刻まれた記憶を鮮明に持ち続けます。金色の麦畑を見るたびに、王子さまのやわらかな金色の髪がキツネの心の中でやさしくなびきます。

【例文】① The turquoise blue stone will make me think of the way we were.
ターコイズブルーの石は、あのころのわたしたちを思い出させる。

② The emerald green ocean will make me think of your eyes.
エメラルドグリーンの海を見たら、あなたの瞳を思い出すわ。

We only truly know the things that we have tamed. （p.164, 1行目）
ぼくたちは、なつかせたものだけしか、本当に知ることはできないよ。

【解説】時間と愛情をかけてきずなを築いたとき、初めて相手のことがわかるという意味です。手間ひまかけてこそ、真の友情が育まれます。

【例文】① We only truly know the things that we have experienced.
自分が体験したことしか真に理解することはできない。

② I can only say the things that I have heard.
私は自分が聞いたことしか言えません。

All misunderstanding comes from talking. （p.164, 9行目）
誤解っていうものはぜんぶ、話すことで起こるんだ。

【解説】A comes from B は、BがAの根本原因という意味です。「話せばわかる」というのは、間違っているということでしょうか？　たしかに、話せば話すほど、相手との溝が深くなることも多々あります。言葉に頼るのではなく、態度で示すことが肝心だということをキツネは言っているのでしょうか。

【例文】①All misunderstanding comes from talking at someone, not to someone.
すべての誤解は、相手に語りかけるのではなく、一方的に話すことから起こる。

＊talk at~ と talk to~ の間には、大きな違いがあります。talk at~ は、～に向かって言葉をぶつけ、talk to~ の場合には、～に語りかけるという意味になります。コミュニケーションでは、talk to の努力が大切です。

②All wisdom comes from listening.
すべての英知は聞くことから得られる。

If you always come at four o'clock in the afternoon, then I will start to feel happy around three. （p.164, 13行目）
きみがいつも昼の4時に来たら、ぼくは3時ごろから嬉しくなるよ。

【解説】anticipation（期待）して待つことの大切さを語っています。確実に毎日同じ時間に来てくれる大切な人を待つとき、ワクワクし始める時間も決まってきます。楽しみを日課にすることができます。

【例文】①If you always come see me at the same time every Saturday, then I will start to feel happy on Friday.
きみが毎週土曜日の同じ時間に来てくれたら、ぼくは金曜日からうきうきするよ。

②If you call me at 10 p.m. every day, I will start to feel excited around 9 p.m.
あなたが毎晩10時に電話をくれるのなら、私は9時ごろからワクワクするわ。

覚えておきたい英語表現

> ## The things that are most important cannot be seen with your eyes. （p.168, 20行目）
> 一番大切なものは、目には見えない。

【解説】cannot be seen（見ることはできない）という受動態を使い、最後に with your eyes（目では）と言って締めくくっています。その結果、「目には見えない」——でも、目以外では見えることが強調されます。

The things that are most important と、the most important things とは、同じ意味です。前者の方がより things（さまざまなことがら）を強調し、リズム感があっていいですね。

【例文】① The things that are most important cannot be heard with your ears.
一番大切なことは、耳では聞こえない。

② The things that I care the most cannot be bought with money.
私が一番大切にしているものは、お金では買えない。

The things that are most important cannot be seen with your eyes.

　心の目で見なくては、真実は見えない。外見や聞こえてくる言葉や書かれた文章から判断するのではなく、目に見えないものを見て、内なる声に耳を傾けなくてはなりません。そのためには、まず、自分自身の心を解き放つ必要があります。「〜と言っているから、〜に見えるから、〜に違いないから」という理由で、人は多くの誤った判断を下してきました。

　「人は見かけによらない」こともあることを肝に銘じ、判断を下す前に、真実を心の目で見る努力をする必要があります。

186

It is the time you spent for your rose that has made her so important. （p.170, 1行目）

きみがバラのために費やした時間、それがバラをこんなに大切にしたんだ。

【解説】仏語原文では、perdre (to lose, to waste) という動詞が使用され、初期の英語翻訳版では、spent（費やした）ではなく、wasted（無駄にした）という単語が使われていました。たとえ無駄な時間となったとしても、自分の時間を注ぐ行為こそが、「愛の証」なのかもしれませんね。

【例文】①It is the time you have spent for your dream that makes your dream so important.
夢のために費した時間が、あなたの夢をかけがえがないものにする。

②It is the love you have given for your family that makes your family so important.
家族のために注いだ愛が、あなたの家族をかけがえがないものにする。

Unconditional Love

　だれかのため、何かのために時間をかけて何かをしてあげたから、そのこと、その人が大切になるのだということです。「何かをしてあげた」というより、自分がそうしたかったから「何かをした」というべきだと思います。自分のチョイスで費やした時間であれば、たとえ相手が気付かなくても、感謝してくれなくても、見返りがなくても、時間やエネルギーを費やす行為自体に意味があります。自分の時間や思いを注ぐ対象があることは幸せなことです。unconditional love（無条件の愛）とは、見返りを求めず、愛を注ぐことです。その選択をするのはあなた自身ですから、そのために注いだ時間はかけがえのない時間となります。

You are forever responsible for what you have tamed.
（p.170, 6行目）

心を開かせた相手に永久に責任があるんだ。

【解説】responsible（責任がある）の前に、forever（永遠に）という言葉を入れることによって、強い意志表示ができます。eternally も同じ意味で使うことができます。

【例文】① You are forever responsible for what you have promised.
　　　　　約束したことに対して、永久に責任がある。

　　　　② I am eternally grateful for what you have done for me.
　　　　　私にしてくださったことに対する感謝の気持ちを一生忘れません。

> ## You are forever responsible for what you have tamed.
>
> 　相手の心を開かせ、きずなを結んだときには、永久に責任を持つということです。とても重みのある言葉です。飼い主がペットに対して死ぬまで責任を持つということは理解できますが、人間同士の場合には、かなりの覚悟が要ります。tame（なつかせる）の意味を、相手の心を開かせ、信頼を得ることと解釈した場合、その信頼を決して裏切らないことと解釈することができます。人も世の中もどんどん変化する今日、ぶれない信頼関係を保ち続けることの大切さを考えさせられます。

家でも、星でも、砂漠でも、何でもいい
——美しくするものは、目に見えない

　作家アントワーヌ・ド・サン＝テグジュペリは、大空をこよなく愛した飛行家です。命をかけて郵便を運ぶ路線パイロットを務め、アンデス山脈に不時着した同僚ギヨメの救出にあたります。ギヨメからサン＝テグジュペリは大切なことを学びます。氷点下40度の寒気の中で、膝も手も血まみれになって歩きながら、意識を失いながらも執拗に歩き続けることができたのはなぜかを。それは、ギヨメが、遥か彼方で彼を待つ妻や、彼の生還を信じる僚友たちの姿を心で見つめ続けたからです。郵便を届けるという職務や、愛する者たちへの責任感に自らをふるいたたせ、一歩、そしてまた一歩を踏み出したのです。

　サン＝テグジュペリ自身も、地球に寄り添い、時には死に反抗しながら飛行人生を続けました。テスト飛行中の水没事故、メコン川での不時着事故、飛行記録の更新に挑戦中、リビア砂漠に不時着して奇跡の生還を果たし、グアテマラで離陸に失敗して重傷を負ったり、自然と対峙することを決してやめませんでした。

　大空を飛び、砂漠をさまよいながら、サン＝テグジュペリは、人間にとってもっとも大切で美しいものを見つめ続けます。「かけがえがないものは心でしか見ることができない」という真実に目覚めるのです。

　モロッコ南西部のキャップ・ジュビー飛行場長に任命されたときには、海と砂漠に囲まれた陸の孤島で、ものすごく耳の長いキツネ（フェネック）を飼っていたといわれています。孤独の友として、キツネをtameして、きずなを結んでいたのかもしれません。

　Rhapsodic aviation books（叙情的な飛行家の本）を次々と生み出したサン＝テグジュペリの最期は、まるで「星の王子さま」の旅立ちのようです。

　第二次世界大戦中の1944年7月31日、コルシカ島のボルゴ基地から偵察飛行に飛び立ったまま、消息を絶ちます。44歳のときでした。彼が乗っていた機

体の残骸はマルセイユ沖で発見されますが、死の真相はいまだ謎に包まれた部分が多いです。王子さまのように星空にふわっと吸い込まれ、消えていったのかもしれません……。

　1939年に出版した『人間の土地』には、不時着して生死をさまよっていたとき、サン=テグジュペリの心は美しい夢想で一杯だったことが生き生きと描写されています。少年時代を過ごした我が家を思い浮かべ、「…ぼくの夢想のほうが、あの砂丘より、あの月より、ここにある諸々の存在より、いっそう現実だ。ああ！ 家のありがたさは、それがぼくらを宿し、ぼくらを暖めてくれるためでもなければ、またその壁がぼくらの所有だからでもなく、いつか知らないあいだに、ぼくらの心の中に、おびただしいやさしい気持ちを蓄積しておいてくれるがためだ。人の心の底に、泉の水のように夢を生み出してくれる、あの人知れぬ塊を作ってくれるがためなのだ」（『人間の土地』堀口大学訳）

　愛しいものや人たちを思い浮かべると、母の胎内にいるかのような安心感とぬくもりに包まれます。
　いちばんたいせつなことは、目には見えない——。それを心の目で見ることは、だれにも決して奪うことができない人間の権利です。どんなに過酷な現実に置かれていても、すべての人は、果てしない宇宙に向かって思いを馳せる自由を持っています。
　見えないものを見ることによって、最期の旅立ちの孤独を乗り越えることもできるのです。

Part 7

Chapter 25-27

Chapter XXV

"People hurry to get on trains," the little prince said. "But they do not know what they are looking for. So they become angry. Then they run around in circles…"

He added:

"There is no reason to do that…"

The well we had found did not look like most wells in the Sahara. Most desert wells are simple holes dug in the sand. This one looked like a well for a village. But there was no village here. I thought that I was dreaming.

"It is strange," I said to the little prince. "Everything is ready: the pulley, the bucket, and the rope…"

He laughed and picked up the rope. He started to make the pulley work. It made a groaning sound like an old weathervane when the wind has been asleep for a long time.

"Do you hear that?" said the little prince. "We have awakened the well. Now it is singing…"

I did not want him to do the work all by himself.

"Let me do it," I told him. "It is too heavy for you."

■ dug dig（掘る）の過去　■ pulley 滑車　■ bucket つるべ，バケツ　■ rope 綱，ロープ　■ groan うめく，うなる　■ weathervane 風見　■ awaken 目を覚まさせる　■ all by oneself 独力で

第25章

「人間たちって、列車に乗ろうとして急ぐんだね」小さな王子さまは言った。「でも、自分が何を探しているのかわからないんだ。だから、腹を立てる。そして、同じところをぐるぐると走り回るんだ……」

王子さまは続けて言った。

「そんなことをする理由は一つもないのにね……」

ぼくらが見つけた井戸は、サハラ砂漠にある普通の井戸とは違っていた。砂漠の井戸というものはたいてい、砂に穴を掘っただけのものだ。これは、村にある井戸のようだった。でもこのあたりに村はない。夢を見ているのかもしれないと思った。

「不思議だね」ぼくは小さな王子さまに言った。「何もかも、そろってる。滑車も、つるべも、ロープも……」

王子さまは笑って、ロープをつかみ、滑車を動かし始めた。滑車は、久しぶりの風を受けた古い風見鶏のように、きしんだ音を立てた。

「聞こえるかい?」王子さまは言った。「ぼくらは井戸を目覚めさせたんだ。今はほら、歌ってる……」

ぼくは、王子さまひとりに作業をやらせたくなかった。

「ぼくがやろう」ぼくは言った。「きみには重すぎるよ」

I slowly pulled up the bucket. I put it on the edge of the well. I could still hear the pulley singing in my ears. I could still see the sunlight shining on the water.

"I am thirsty for this water," the little prince said. "Give me some to drink..."

And then I understood what he was looking for!

I raised the bucket to his lips. He closed his eyes and drank. The water was sweet. Drinking it was like a festival. This water was more than a drink. It was sweet because of our walk under the stars, because of the singing of the pulley, because of the work of my arms. This water was good for the heart. It was like a gift. It reminded me of Christmas-time when I was a little boy, and how the lights of the Christmas tree and the music of midnight mass all created the joy that was my Christmas gift.

■ festival 祭り ■ remind 思い出させる ■ mass ミサ曲

　ゆっくりと、ぼくはつるべを引っ張り上げて、井戸のふちにのせた。今で
も、耳の奥であの滑車の歌が聞こえる。水面に反射する太陽の光が見える。

「この水が飲みたい」王子さまは言った。「少し飲ませてよ……」

　この時、ぼくは、王子さまの探し物がわかったのだ！
　ぼくはつるべを王子さまの口元に持っていった。王子さまは目を閉じて、
飲んだ。水は甘かった。それを飲むのは祝祭のようだった。この水は、ただ
の飲み水じゃない。これが甘いのは、ぼくらが星降る空の下を歩き、滑車
が歌い、ぼくが腕に力を込めて汲んだからだ。この水は、心にいい水
なのだ。贈り物みたいに。子どもの頃のクリスマスがよみがえ
ってくる。ツリーを飾るたくさんの光や、真夜中のミサ
の音楽が、ぼくらの心を喜びで満た
してくれた。そ
れこそが、ク
リスマスの贈
り物だった。

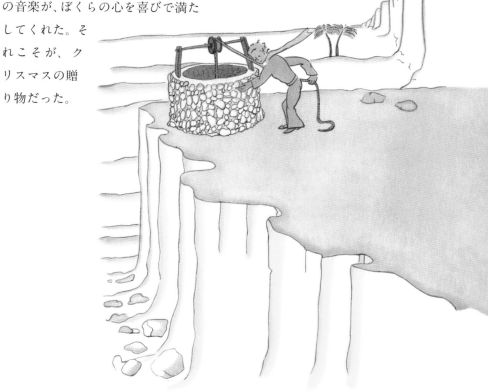

The little prince said, "People on this planet grow five thousand roses in a single garden... and they still cannot find what they are looking for..."

"They do not find it," I agreed.

"And yet, what they are looking for can be found in a single rose or in a simple drink of water..."

"Of course," I said.

"But our eyes cannot see. We must look with our hearts."

I had drunk some water. I felt better. In the morning sun, the desert sand is the color of honey. I was glad to look at it. So why did I still feel sad?

"You must keep your promise," the little prince said gently. He was sitting next to me.

"What promise?"

"You know... a muzzle for my sheep... I am responsible for my flower."

I took my drawings out of my pocket. The little prince saw them and started to laugh:

"Your baobabs look like cabbages..."

"Oh!" I had been so proud of my baobabs!

"And your fox... his ears... they look a little bit like horns... and they are too long!"

He laughed again. I told him:

■ keep one's promise 約束を守る ■ muzzle 口輪 ■ cabbage キャベツ

　小さな王子さまは言った。「この惑星の人たちは、たった一つの庭に5000本のバラを植える……それでも、探しているものを見つけられないんだ……」

　「見つけられないね」ぼくは応えた。

　「探し物は、たった一本のバラや、たった一杯の水の中に見つけられるのにね……」

　「ほんとうだね」ぼくは言った。

　「でもぼくらの目には見えない。心の目で見なければならないんだ」

　ぼくは水を飲んだおかげで、気分がよくなっていた。朝の光の中で、砂漠の砂ははちみつの色をしている。ぼくは満ち足りた気持ちでそれをながめた。なのになぜ、まだ悲しいのだろう？

　「約束を守ってね」王子さまは静かに言った。ぼくの隣にすわっていた。

　「約束って、なんの？」

　「ほら……ぼくのヒツジの口輪だよ……。ぼくは、あの花に責任があるんだ」

　ぼくは、ポケットから絵を取り出した。小さな王子さまはそれを見て、笑い始めた。

　「きみのバオバブは、キャベツみたいだね……」

　「えっ！」ぼくはバオバブの絵にはかなり自信があったのに！

　「それにキツネも……耳が……ちょっと角みたいじゃないか……それに長すぎるよ！」

　王子さまはまた笑った。ぼくは言った。

"You are not fair, my little friend. I can only draw the insides and outsides of boa constrictors."

"Oh! That is fine," he said. "Children will understand."

I drew a muzzle for his sheep. But my heart was strangely sad.

I told him: "You have plans that you have not shared with me..."

But he did not answer. Instead he said:

"Tomorrow, you know, it will be one year since I fell to Earth..."

Then, after a moment, he said:

"The place where I fell is rather close to here..." His face had become pink.

And again, without understanding why, I felt strangely sad. I asked him this question:

"So then, on the morning when I first met you, you were not walking by chance in the desert? You were returning to the place where you fell?"

The little prince's face was very pink. He was still blushing. I added:

"Perhaps you were returning because it is now one year since you fell to Earth?"

He never answered my questions. But when someone blushes, that means "Yes," doesn't it?

"Oh!" I said. "I am afraid for you..."

But he told me:

■ fair 公平 [正当] な ■ blush 顔を赤らめる

「きみ、きみ、それはフェアじゃないよ。ぼくはもともと、大蛇ボアの内と外しか描けないんだからね」

「それでいいんだよ」王子さまは言った。「子どもたちにはわかるよ」

ぼくは王子さまのヒツジにはめる口輪を描いた。でもぼくの心は、なぜか悲しみに沈んでいた。

ぼくは王子さまに言った。「ぼくに話してくれてない計画があるんだね……」

でも王子さまは答えなかった。代わりにこう言ったのだ。

「明日は、明日はね、ぼくが地球に落ちてきてから1年になるんだ……」

そして、少し黙ってからこう言った。

「ぼくが落ちたところは、ここからかなり近いんだ……」王子さまの顔は薄桃色に染まった。

今度も、なぜだかわからないまま、ぼくは奇妙な胸の痛みにおそわれて、たずねた。

「ということは、ぼくがきみに初めて会った朝、砂漠を偶然歩いていたわけじゃなかったのかい？ 落ちた場所へ戻ろうとしていたんだね？」

小さな王子さまの顔はいよいよ赤みが増した。まだ頬を染めている。ぼくは続けた。

「きっと、地球に落ちてから1年だから、戻ろうとしていたんだね？」

王子さまは、ぼくの質問には答えなかった。でも、だれかが頬を染めるとき、それは「うん」ということだよね？

「ああ！」ぼくは言った。「ぼくはきみのことが心配だ……」

でも王子さまは言った。

"You should go now. Go back and work on your plane. I will wait for you here. Come back tomorrow night…"

I did not feel better. I remembered the fox. We are in danger of feeling sad if we let ourselves be tamed…

 # Chapter XXVI

An old stone wall stood next to the well. As I returned the next night, I could see my little prince sitting on the wall. And I could hear him say:

"You do not remember? It was not right here!"

Someone else must have answered him because he then said:

"Oh, yes, yes! Today is definitely the day, but this is not the place…"

I kept walking toward the wall. I did not see or hear anyone except the little prince. However, he spoke again:

"…Of course. You will see my footprints in the sand. All you have to do is wait for me. I will be there tonight."

I was twenty feet away from the wall. I still could not see anyone.

After a moment, the little prince asked:

■ definitely 確実に　■ footprint 足跡

「きみはもう、行かなきゃ。戻って、飛行機の修理をして。ぼくはここで待ってるよ。明日の夜、戻ってきて……」

ぼくの気持ちはちっとも晴れなかった。キツネのことを思い出していた。心を開いてなつかせることを許したら、つらい気持ちになる危険も冒すんだ……。

第２６章

井戸のかたわらには、古い石の壁が立っていた。次の日の夜、ぼくが戻ると、ぼくの小さな王子さまが壁の上にすわっているのが見えた。そしてこう言うのが聞こえた。

「覚えていないの？正確にはここじゃなかったよ！」

だれかが答えたに違いない。王子さまは言い返している。

「ああ、そう、そうなんだ！今日がその日だよ。でも場所はここじゃない……」

ぼくは壁に向かって歩き続けた。小さな王子さま以外には、だれの姿も声もない。でも王子さまはまたこう言った。

「……もちろんだよ。砂の上にぼくの足跡が見えるよ。きみは、ぼくが来るのを待つだけでいいんだ。今晩、そこに行くから」

ぼくは、壁から20フィートのところに来ていた。それでも、だれも見えない。

少ししてから、王子さまがたずねた。

"You have good poison? You are sure that I will not suffer for very long?"

I stopped. My heart was frozen, but I still did not understand.

"Now go away," he said. "I want to get down from this wall."

Then I looked at the bottom of the wall. I jumped in shock! Looking up at the little prince was one of those yellow snakes that can kill you in thirty seconds. I reached for my gun and ran toward the wall. But hearing the noise, the snake gently slipped through the sand and disappeared among the stones.

I reached the wall and caught the little prince in my arms. His face was as white as snow.

"What is going on here? Why are you talking to snakes?"

I untied his scarf. I wiped his forehead. I made him drink some water. But I was afraid to ask him any more questions. He looked at me. Then he put his arms around my neck. I could feel his heart beating. It sounded like the heart of a dying bird that has been shot. He said:

"I am glad that you have fixed your plane. Now you can go home..."

"How did you know that?" I cried. I was just about to tell him that I had finally fixed my plane!

■ poison 毒 ■ get down 降りる ■ reach for ～に手を伸ばす ■ slip through ～をすり抜ける ■ disappear 姿を消す ■ untie ほどく

「きみのはいい毒なんだね？　あまり長く苦しまなくてもいいんだね？」

ぼくは立ち止まった。ぼくの心は凍りついた。でもまだわからなかった。
「もう行ってよ」王子さまは言った。「この壁から降りたいんだ」
ぼくは壁の足もとへ目をやって、跳び上がった！　30秒で人の命を奪える
黄色いヘビが、小さな王子さまを見上げていた。ぼくは銃を手に取り、壁に
向かって走り出した。その音を聞きつけて、ヘビはゆるやかに砂の上をすべ
り、石の間に消えてしまった。

ぼくは壁にたどり着いて、王子さまを腕に抱きとめた。王子さまの顔は、
雪のように蒼白だった。
「どういうことなんだ？　なぜヘビなんかと話してるんだ？」
ぼくは王子さまの襟巻きをほどいた。そして額を拭いた。少し水を飲ませ
た。でも、それ以上、たずねるのが怖かった。王子さまはぼくを見つめ、両
腕でぼくの首に抱きついた。王子さまの胸の鼓動が伝わってきた。撃たれて、
息絶えようとしている、鳥の鼓動のようだった。王子さまは言った。

「きみの飛行機が直ってよかった。
これで、きみは家に帰れるね……」
「どうして知ってるの？」
ぼくは叫んだ。ついに
直ったと、今言う
ところだった
のだから！

He did not answer me, but he said:

"Today I am going home, too..."

He added sadly, "It is much farther away...it will be much more difficult..."

Something strange and terrible was happening. I held the little prince in my arms like a baby. Yet no matter what I did, I felt that he was somehow slipping away from me.

His eyes were sad. He looked like he was lost in thought, far away.

I said, "I have your sheep. And I have the box for your sheep. And the muzzle..."

He smiled sadly.

I waited for a long time. I thought that he seemed better. I said:

"My little friend, you were afraid..."

He had been afraid, of course! But he laughed sweetly and said, "I will be much more afraid tonight..."

Once again I was frozen with fear. And I realized how terrible I would feel if I never heard his laugh again. For me, that laugh was like a well of fresh water in the desert.

"My little friend, I want to hear you laugh again..."

But he said to me:

"Tonight, it will be one year since I arrived here. My star will be just above the place where I fell one year ago..."

■ slip away 静かに立ち去る ■ fear 恐れ，不安

王子さまは答えずに、こう言った。

「今夜、ぼくも家に帰るよ……」

王子さまは悲しそうに付け足した。「もっと、ずっと遠くて、もっとずっと難しいけれど……」

何か、はかりしれない、恐ろしいことが起きようとしていた。ぼくは、王子さまを赤ちゃんを抱きしめるように腕に抱いた。でも、たとえ何をしても、王子さまがすり抜けて離れていくのを感じた。

王子さまの悲しげなまなざしは、はるかかなたをさまよっていた。

ぼくは言った。「きみのヒツジの絵があるよ。ヒツジの入る箱もあるし、口輪もあるよ……」

王子さまは寂しそうに微笑んだ。

ぼくは長いこと待った。王子さまは少しよくなったように見えた。ぼくは言った。

「ぼくの大切な友よ、怖かっただろう……」

怖かったに決まっている！ なのに、王子さまはやさしく笑って言った。「ぼく、今夜になればもっと怖いよ……」

ふたたび、ぼくは恐怖に凍りついた。そして、王子さまのこの笑い声がもう二度と聞けなくなるのかと思うと、とても耐えられないことに気付いた。ぼくにとって、あの笑い声は砂漠の中の真水の井戸のようだったのだ。

「ぼくの大切な友よ、きみの笑い声をもう一度聞きたい……」

王子さまはただこう言った。

「今夜、ぼくがここに来てからちょうど１年になる。ぼくの星は、ぼくが１年前に落ちた場所の真上に来るんだ……」

"My little friend, please tell me that this story of the snake and the star is nothing but a bad dream."

But he did not answer my question. He said to me:

"The things that are most important cannot be seen..."

"Of course..."

"It is like my flower. If you love a flower that lives on a star, it makes you happy to look at the night sky. All the stars look like flowers."

"Of course..."

"It is like the water. The water you gave me to drink was like music. The pulley and the rope were singing... You remember... it was beautiful."

"Of course..."

"You will look at the stars at night. My star, my home, is too small for me to show to you. That will be better. My little star will simply be one of the stars for you. And so, you will love to look at all the stars. They will all be your friends. And I will give you a gift..." He laughed again.

"Ah! My little friend, my little friend, how I love to hear your laugh!"

"That will be my gift... it will be like the water."

"What do you mean?"

"For different people, the stars mean different things. For travelers, the stars guide them. For others, they are nothing but small lights in the sky. For people who are scholars, the stars are things to think

■ scholar 学者

「友よ、このヘビと星の話は、ただのわるい夢だと言っておくれよ」

でも王子さまは、ぼくのことばに答えなかった。そしてこう言った。
「いちばん大切なものは目には見えない……」
「そうだね……」
「ぼくの花もそうだ。どこかの星に咲いている一輪の花を愛したら、夜空を見上げるのが嬉しくなる。星がぜんぶ、花に見えるから」
「そのとおりだ……」
「水だって同じだ。君が飲ませてくれたあの水は、音楽のようだった。滑車も、ロープも歌ってた……。ほら、思い出すだろう……素敵だった」

「そうだね……」
「夜になったら星を見てね。ぼくの星、ぼくの家は、小さすぎて、どこにあるのかきみに見せてあげられない。でもそのほうがいいんだ。ぼくの小さな星は、たくさんの星の一つになるんだからね。だからきみは、星ぜんぶを見るのが好きになるよ。ぜんぶの星が、きみの友達になるんだ。それから、贈り物をきみにあげるよ……」王子さまは、また笑った。
「ああ、友よ、友よ、きみの笑い声を聞くのが大好きだ！」

「そう。それがぼくの贈り物だよ……、さっきの水みたいにね」
「どういうこと？」
「星の意味は、見る人によって違うよね。旅行者には、星は導きとなってくれる。ほかの人にとっては、空にある小さな光でしかない。学者にとっては星は考える対象だし、ぼくの出会った実業家にとっては、星は金でできて

about. For my businessman, they are made of gold. But all these stars are silent. You, you will have stars unlike any other..."

"What do you mean?"

"You will look at the sky at night... And because I live on one of the stars, because I will be laughing on that star, you will hear all the stars laughing. You alone will have stars who laugh!"

And he laughed again.

"And when you are feeling happier (we always feel happier, after a while) you will be glad that you have known me. You will always be my friend. You will want to laugh with me. And every once in a while, you will open your window... and all your friends will be surprised to see you laughing as you look at the sky. And then you will tell them: 'Yes, looking at the stars always makes me laugh!' And they will think that you are crazy. I will have put you in a very strange situation..."

And he laughed again.

"It is as if I have given you little bells that laugh, instead of stars..." He laughed again. Then he looked serious. He said, "Tonight... you know... do not come back."

I said to him, "I will not leave you."

"I will look as if I am hurt... I will look almost as if I am dying. It will look like that. Do not come and see that... there is no need."

"I will not leave you."

■ made of gold 金製の ■ every once in a while たまに ■ leave you 別れる

いるんだ。でもどの星も音を立てない。でもきみ、きみの星は、ほかのだれ
のとも違う……」

「どういうこと？」

「きみは夜、空を眺める……そして、ぼくが空一杯の星の一つに住んでい
るから、ぼくがその星で笑ってるから、きみには、星という星が笑ってるよ
うに聞こえるよ。笑う星々を持つのはきみだけだ！」

王子さまはまた笑った。

「そして、きみがまた幸福な気持ちに満たされた時には（どんなときでも、
しばらくたてば悲しみは必ずやわらぐよ）、ぼくと知り合ってよかったって
思うよ。きみはずっとぼくの友達だもの。きみはぼくと一緒に笑いたくなる
よ。だから時々、窓を開ける……そしてきみの友達はみんな、きみが空を見
上げて笑ってるのを見て驚くだろう。そしたらこう言ってやるんだ。「そう
なんだよ。星空を見ると、いつも笑いがこみあげてくるんだよ！」みんな、
きみの頭がおかしいと思うだろう。ぼくはきみに、すごくおかしなことをさ
せてしまうわけだね……」

王子さまはまた笑った。

「星の代わりに、笑いさざめく小さな鈴をたくさん、きみにあげたみたい
になるね……」王子さまはまた笑った。それから、真顔にもどって、言った。
「今夜……、ねえ、きみは戻ってきてはいけないよ」

ぼくは言った。「きみのそばを離れない」

「ぼくは痛がっているように見えるだろう……死にかかっているように見
えるだろう。そんなふうに見えるんだよ。だから、戻ってきて見てはいけな
い……見に来ることないんだよ」

「きみのそばを離れないよ」

But he was worried.

"I am telling you this," he said, "because of the snake. I do not want it to bite you. Snakes can be terrible. Snakes may bite because they enjoy it…"

"I will not leave you."

But then another thought made him feel better: "It is true that snakes only have enough poison for one bite…"

That night I did not see him leave. He disappeared without a sound. When I finally found him, he was walking quickly. He only said:

"Oh! You are here…"

And he took my hand. But he was still worried:

"You were wrong to come. You will be sad. I will look as if I am dying, but that will not be true…"

I did not say a word.

"You understand. My home is very far. I cannot bring this body with me. It is too heavy."

I did not say a word.

王子さまは心配していた。

「ぼくがこう言うのは」王子さまは言った。「ヘビのことがあるからだよ。きみが噛まれるのは嫌だ。ヘビは時々とんでもないことをする。おもしろ半分で噛んだりするんだ……」

「きみのそばを離れないよ」

でも、別のことを思いついて、王子さまは気が楽になったようだった。「ヘビの毒は、一人分しかないんだった……」

その夜、ぼくは王子さまが立ち去るのに気付かなかった。音もなく、消えてしまったのだ。ようやくぼくが追いついたとき、王子さまは足早に歩いていた。ただこう言った。

「ああ！ 来たんだね……」

そしてぼくの手をとった。それでもまだ心配そうだった。

「君は来たらいけなかったんだよ。悲しくなるだろうからね。ぼくは死ぬように見えるかもしれないけど、本当はそうじゃないんだよ……」

ぼくは一言も言わなかった。

「きみはわかるよね。ぼくの家はとても遠い。この体を持っていくことはできないんだ。重すぎるんだよ」

ぼくは一言も言わなかった。

"But this body will be like an empty shell, like the bark of an old tree. That is not sad..."

I did not say a word.

He was sad, but he tried to be cheerful:

"It will be wonderful, you know. Just like you, I will be looking at the stars. All the stars will be like wells of fresh water, with rusty pulleys. And I will drink from the stars..."

I did not say a word.

"It will be so beautiful! You will have five hundred million bells, and I will have five hundred million wells..."

Then he was quiet. He was crying...

"This is the place. Let me walk ahead, by myself."

He sat down because he was afraid. He said again:

"You know...my flower...I am responsible for her! And she is so fragile! She knows so little. She has only four small thorns to protect herself against all the world..."

I sat down because I could no longer stand. He said:

"You know...That is all..."

■ empty shell ぬけ殻　■ bark 樹皮　■ cheerful 元気のよい　■ rusty さびた　■ walk ahead 前を歩く　■ no longer もはや〜でない

「でも体はぬけ殻みたいな、古い木の樹皮みたいなものだよ。だから悲しくないんだよ……」

ぼくは一言も言わなかった。

王子さまは悲しかったのに、明るくふるまおうとしていた。

「きっと素晴らしいよ。ねえ。きみと同じように、ぼくも星を眺めてるよ。どの星もぜんぶ、さびた滑車の付いた、真水の井戸みたいになるんだ。そして星という星が、ぼくに水を飲ませてくれるんだ……」

ぼくは一言も言わなかった。

「本当に素敵だろうなあ！ きみは5億の鈴を持ち、ぼくは5億の井戸を持つことになるんだから……」

そして王子さまも黙った。泣いていたから……。

「ここだよ。ここから先は、ひとりで歩いて行くよ」

王子さまは怖さですわり込んだ。それでもしゃべり続けた。

「ねえ……ぼくの花……ぼくはあの花に責任があるんだ！ あんなにか弱いんだもの！ それに何にも知らないんだ。世界ぜんぶに立ち向かって自分を守るのに、小さなトゲが4つあるだけなんだよ……」

ぼくは、もう立っていられなくなってすわり込んだ。王子さまは言った。

「わかるよね……、それだけ……」

The little prince stopped for only a moment. Then he stood up. He took a step. I could not move.

There was only the smallest flash of yellow next to his ankle. For a moment, he stood very still. He did not cry out. He fell as gently as a tree. He did not even make a sound, because of the sand.

Chapter XXVII

Now, of course, six years have already gone by...I have never told this story before. My friends were very glad to find out that I was alive. I was sad, but I told them: "I am just tired..."

■ still 静止した

　小さな王子さまは、ほんの一呼吸おいて立ち上がり、一歩、前に踏み出した。ぼくは動けなかった。

　王子さまの足首のあたりに、黄色い光がほんのかすかに閃いた。一瞬、王子さまは動かなくなった。声もあげなかった。そして、木が倒れるようにゆっくりと、崩れ落ちた。物音ひとつしなかった。砂漠の砂の上だったから。

第２７章

　これはもう、６年も前の話だ……。今まで、この話をしたことはない。ぼくの友達は、ぼくが生きていることを知ってとても喜んでくれた。ぼくの心は沈んでいたけれど、彼らにはこう言った。「疲れているだけだよ……」

These days I feel somewhat better. That means...not entirely. But I know that the little prince returned to his planet. I know this because when I went back the next morning, I did not find his body. And his body was not very big...And now, at night, I love to listen to the stars. They sound like five hundred million bells...

But here is something strange. I drew the muzzle for the little prince—but I forgot to draw the strap for it! He will not be able to put it on his sheep. And so I ask myself: "What has happened on his planet? Perhaps the sheep has eaten the flower..."

Sometimes I say to myself, "Of course not! The little prince puts his flower under globe each night. He watches his sheep carefully..." Then I feel better. And I hear all the stars laughing sweetly.

Other times I tell myself, "Everyone forgets now and then. Just one time would be enough! Perhaps he once forgot the globe for his flower, or perhaps the sheep got out of his box one night..." Then all my bells turn into tears!

It is a great mystery. For those of us who love the little prince, the whole universe would change if somewhere, somehow, a sheep we have never seen has or has not eaten a certain flower...

Look at the sky. Ask yourself: "Has the sheep eaten or not eaten the flower?" And you will see how everything changes...

And not one grown-up will ever understand why this is important!

■ these days 近頃は ■ entirely 完全に ■ now and then 時々 ■ turn into ～に変化する

　今では少しだけ、悲しみもやわらいだ。ということは……、完全に消えたわけじゃない。でもぼくは、小さな王子さまが自分の星に帰って行ったことを知っている。翌朝戻ってみたら、王子さまの体がどこにもなかったからだ。あまり大きな体ではなかったし。だから今、夜になると、ぼくは星空に向かって耳を澄ませるのを楽しみにしている。5億もの鈴が鳴り響いているようだ……。

　ただ、不可解なことが一つある。ぼくは小さな王子さまにヒツジの口輪を描いたのだが——ひもをつけるのを忘れてしまったのだ！　王子さまは、ヒツジに口輪をはめられないだろう。ぼくは自問する。「王子さまの星で、何が起こったのだろう？　もしかしたらヒツジが花を食べてしまったかもしれない……」

　あるときは、自分に言い聞かせる。「そんなこと、もちろんないさ！　王子さまは毎晩、花にケースをかぶせるし、ヒツジも注意深く見張っているから……」そう思うと、気が楽になる。すると、星という星がぜんぶ、やさしく笑っているのが聞こえるのだ。

　また別のときにはこう思う。「だれでも時々は忘れたりするものだ。でも1回忘れただけで、もう駄目かもしれないんだぞ！　一度だけ、花にケースをかぶせ忘れたかもしれないし、ある晩、ヒツジが箱から出てしまったかもしれない……」すると、ぼくの鈴はぜんぶ、泣き始めるのだ！

　これこそ、大いなる神秘だ。小さな王子さまが大好きなぼくたちにとっては、どこかで、なぜか、見たこともないヒツジが、ある花を食べてしまったかどうかで、宇宙全体が変わってしまうのだから……。

　空を見上げて、考えてみてほしい。「あのヒツジはあの花を食べたか、それとも食べなかったか？」すると、何もかもが変わって見えることに気づくだろう……。

　おとなときたら、これがどうして大切なのか、ひとりもわからないのだ！

For me, this is the most beautiful and most sad place in the world. It is the same place I drew on the previous page. I have drawn a second picture here to show it to you again. This is the place where the little prince first arrived on Earth and where he left. Look carefully so that you will recognize this place, if you are ever traveling in Africa, in the desert. And if you find yourself in this place, do not hurry past it. Stop and stand for a moment right under his star! And then, if a child comes to you, and if he laughs, and if he has golden hair, and if he does not answer your questions, you will know who he is. And then, please be kind to me! Make me less sad: write to me quickly and tell me that he has come back...

END

■ previous 前の，先の

　これは、ぼくにとって、世界でいちばん美しく、いちばん悲しい場所だ。前のページと同じ場所だ。みんなに見てもらうために、もう一度、描いた。小さな王子さまは最初にここに着いて、ここから去って行った。いつかきみたちが、アフリカの砂漠を旅することがあれば、この場所を見分けられるように、しっかりと見ておいてくれ。そしてもしこの場所に行き会ったら、先を急いだりしないでくれ。立ち止まって、少しの間だけ、小さな王子さまの星の真下に立ってみてくれないか！　そしてもし、子どもがひとり近づいてきたら、そして笑ったら、その子が金色の髪をして、きみの質問にちっとも答えなかったら、それがだれだかきっとわかる。そうしたら、お願いだから、ぼくにやさしくしておくれ！　ぼくの悲しみを和らげておくれ。すぐにぼくに手紙を書いて、知らせておくれよ。星の王子さまが帰ってきたと……。

END

People hurry to get on trains. （p.192, 1行目）
人々は、列車に乗ろうとして急ぐ。

【解説】人はみな、急いでどこへ行こうとしているの……？「乗り遅れないように急ぐこと」は英語で、"Get on the bandwagon."「有利な団体や活動に加わる」と表現することもできます。だれよりも早く列車に乗って、目的地に着けば、きっと夢がかなう……？　幸せは、"Relish the moment !"「この瞬間を堪能せよ！」にあるのではないでしょうか？

【例文】① Hurry up, or you will miss the train!
　　　　　急いで、電車に乗り遅れるよ！

　　　　② People hurry to get things done.
　　　　　人はものごとをやりとげるために急ぐのだ。

This water was good for the heart. （p.194, 11行目）
この水は、心にいいものだった。

【解説】砂漠の中を一生懸命に歩いて探し求めた水は、その 一滴、一滴が乾いたのどを潤すだけではなく、疲れた心を癒し、満たしてくれます。 大好きな人が入れてくれた一杯の水は美味しく、心も喜びます。人は、ものに対して、特別の意味を見出すことができるのです。

【例文】① This book is good for the heart.
　　　　　この本は心の糧になる。

　　　　② See, hear, smell, taste, and touch the things that are good for your heart.
　　　　　心が喜ぶものを見て、聞いて、香り、味わい、触れよう。

You have plans that you have not shared with me... （p.198, 5行目）
ぼくに話してくれていない計画があるんだね……。

【解説】パイロットは、王子さまが遠くへ行ってしまうのではないかと不安になって、本心をたずねています。「何か、隠しているだろう、本当のことを言えよ！」と問い詰めるのではなく、この表現は、思いやりを込めた問いかけになっています。真意を確かめたいときにも使えるので、覚えておきましょう。share（わかちあう・共有する）は、やさしい響きがある言葉です。ぜひ「おすそわけ」し、人と人とのつながりの輪を広げていきましょう。

【例文】① I am happy to share my plans with you today.
本日は、みなさまに私の計画を聞いていただけてうれしいです。

＊ "I am happy to talk/speak to you about my plans." （私の計画について話せてうれしいです）と言うよりも、"to share my plans with you" の方が、"一緒に計画を分かち合いたい" という思いが伝わります。ビジネス現場やプレゼンテーションでも是非使ってみてください。

② I would like to share my thoughts with you.
私の考えを聞いていただきたいと思います。

You are sure that I will not suffer for very long? （p.202, 1行目）
あまり長く苦しまなくてもいいんだね？

【解説】"You are sure that~" は、「～だということに確信が持てる、～は確かだ」という意味です。"Are you sure that ~?" と、疑問形の文章にすると、「苦しまなくていいって本当なの、確かなの？」という質問になります。"You are sure~?" というと、「だいじょうぶだよね？」と確認するニュアンスが出ます。王子さまはヘビを信頼しているけれど、念のために聞いているのです。小さな王子さまのけなげな姿を想像すると、胸がつまります。苦しまずに安らかに逝けたら……という思いに共感します。
著者サン＝テグジュペリは3歳のときに父を亡くし、16歳のときには2歳年下の弟フランソワを心臓リューマチで亡くしています。幼いフランソワは亡くなるとき、「怖くない、苦しくなんかない」と言い続けたといわれています。王子さまの言葉と重ね合わせてしまいますね。

覚えておきたい英語表現

【例文】①You are sure that I will love Bali?
ぼくがバリ島を気にいるに違いないと、きみには自信があるんだね？

②You are sure that I will not feel lost without you?
あなたがいなくても私は大丈夫だって、確信してるのね？

You alone will have stars who laugh! (p.208, 6行目)
笑う星々を持つのはきみだけだ！

【解説】You alone ~ は、「きみだけが~」の意味です。only you よりも詩的な響きがあります。You, and you alone can ~（きみが、きみだけが~できる）と言うと、「きみにしかできない」ということがさらに強調されます。

【例文】①You alone will share my ideas.
ぼくのアイデアを分かち合うのはきみだけだ。

②You alone will celebrate the success with me.
あなたとだけ成功を祝うわ。

　苦しいことや悲しいことがあったときには、空を見上げましょう。縮こまっていた心に羽が生え、大空に解き放たれます。星空を見上げると、大好きな人に思いを馳せることができます。その人のやさしい笑顔が浮かんできます。楽しそうな笑い声が聞こえてきます。たとえはるか彼方に行ってしまっても、もう二度と会うことがなくても、夜空の星を見るたびに、愛しい人とつながることができます。それだけで、温かい炎が心に灯されます。寂しさで萎えた心は、ほんの少しのやさしさで、みずみずしく潤うことができるのです。

> # But this body will be like an empty shell, like the bark of an old tree. （p.212, 1行目）
> でも体はぬけ殻みたいな、古い木の樹皮みたいなものだよ。

【解説】metaphor（メタファー・隠喩）は、読者や聞き手が情景やイメージを心の中に抱き、visualization（視覚化）するために効果的です。ここでは、亡くなったら、体はぬけ殻、古い木の樹皮みたいになるというメタファーを使っています。"Her skin was soft." 「彼女の肌はやわらかかった」よりも、"Her cheek felt like a little baby." 「彼女のほおに触れると、赤ちゃんのような肌ざわりだった」の方が、イメージが浮かびます。五感で想像できる表現を使うと効果的です。

【例文】① But my poor heart will be like an empty shell, like the cracked glass after you're gone.
きみがいなくなったら、哀れなぼくの心は、ぬけ殻のよう、ひびの入ったグラスみたいになるだろう。

② She was like a fresh spring rain, and like a gentle summer breeze.
彼女はさわやかな春の雨のよう。そして、やわらかな夏のそよ風のようでした。

　　サン＝テグジュペリの死生観が伝わってくる言葉です。目に見える体がたとえ冷たくなっても、目に見えない魂は、永遠に、その人を想う人の心の中で生き続けます。夜空に輝く5億もの星々を見ても、一本のバラの花を見ても、黄金の麦畑を見ても、その想いは鮮明に蘇るのです。そして、私たちの心を、懐かしさと愛しさのベールでやさしく包んでくれます。

English Conversational Ability Test
国際英語会話能力検定

● E-CATとは…
英語が話せるようになるための
テストです。インターネット
ベースで、30分であなたの発
話力をチェックします。

www.ecatexam.com

● iTEP®とは…
世界各国の企業、政府機関、アメリカの大学
300校以上が、英語能力判定テストとして採用。
オンラインによる90分のテストで文法、リー
ディング、リスニング、ライティング、スピー
キングの5技能をスコア化。iTEP®は、留学、就
職、海外赴任などに必要な、世界に通用する英
語力を総合的に評価する画期的なテストです。

www.itepexamjapan.com

[IBC対訳ライブラリー]

英語で読む星の王子さま [新版]

2012年 5 月 5 日　　初版第 1 刷発行
2022年 4 月 9 日　　　第14刷発行
2023年 3 月 1 日　　新版第 1 刷発行
2024年10月 5 日　　　第 3 刷発行

原著者　　サン＝テグジュペリ
解説・監修　井上 久美

発行者　　賀川　洋

発行所　　IBCパブリッシング株式会社
　　　　　〒162-0804 東京都新宿区中里町29番3号 菱秀神楽坂ビル
　　　　　Tel. 03-3513-4511　Fax. 03-3513-4512
　　　　　www.ibcpub.co.jp

印刷所　　株式会社シナノパブリッシングプレス

ISBN978-4-7946-0752-2